ESCLAVAGE AU MALI

DES VICTIMES TÉMOIGNENT

TEMEDT Association

ESCLAVAGE AU MALI

DES VICTIMES TÉMOIGNENT

L'Harmattan Mali

Esclavage au Mali, Sous la direction de Naffet Kéita, l'Harmattan Mali, 2011.

5-7, rue de l'École-Polytechnique, 75005 Paris

http://www.harmattan.fr
diffusion.harmattan@wanadoo.fr
harmattan1@wanadoo.fr

ISBN : 978-2-343-04506-1
EAN : 9782343045061

Préface

Ce livre est à recommander à toutes les personnes éprises de Justice et de Paix, à tous les démocrates républicains, tant il décrit de la manière la plus crue ce que peut être la sottise humaine. Des récits poignants, des témoignages à la limite de l'acceptable, une somme d'images des plus détestables de ce que l'espèce humaine peut oser, encore en ce siècle, commettre comme actes innommables.

A chaque ligne qu'on parcourt, le sang se glace. A chaque page qu'on tourne, se profile la honte de voir des hommes et des femmes asservir leurs prochains et cela, sans remords. Peut-on imaginer un seul instant que ces êtres, négriers inexcusables de ce siècle, adressent des prières à Dieu qui a créé l'homme à son image et qu'eux avilissent sans vergogne ?
Fort heureusement ces mots qui attristent, sont éclairés d'actes de bravoure, puisque des révoltes, mêmes individuelles, émaillent les récits.

En lisant ces mots que lèguent des hommes et des femmes à nous autres qui accomplissons chaque geste de la vie sans en mesurer l'importance, car la liberté est sans prix, comme une sorte de pique à mon subconscient, ont résonné ces mots prononcés le 4 octobre 1984, devant l'Assemblée Générale des Nations Unies, par le Capitaine Thomas Sankara :

« Des femmes qui luttent et proclament avec nous que l'esclave qui n'est pas capable d'assumer sa révolte ne mérite pas que l'on s'apitoie sur son sort. Cet esclave répondra seul de son malheur s'il se fait des illusions sur la condescendance suspecte d'un maître qui prétend l'affranchir. Seule la lutte libère et nous en appelons à toutes nos sœurs de toutes les races pour qu'elles montent à l'assaut pour la conquête de leurs droits. »

Quelle belle image que la révolte de l'asservi(e), qui, en secouant le joug de l'oppression, proclame en même temps que sa libération celle de son oppresseur.

Et ici, ce sont ces *happy ends* qui donnent la force de continuer la lecture. Jamais les esclaves n'ont sombré dans la résignation. Ils ont trouvé des occasions pour choisir la liberté dans la fuite. Parfois, des gestes d'affranchissement collectif, comme le cas de Souanigwè, où des esclaves assument ensemble des actions d'éclat.

Ces pages de tristesse résument combien l'homme peut être cruel, alors que s'il ouvrait un peu son cœur à l'autre, si à la place de la haine l'amour se retrouvait sur chaque pas de maison, en chaque poignée de main, dans chaque mot, le monde serait un prodigieux endroit.

Il suffirait d'une conviction pour que l'égalité et la fraternité soient le lot de tout être humain. Si seulement ceux qui oppriment comprenaient un seul instant que la liberté affranchit et le maître et l'esclave.

L'Afrique a tant souffert des siècles durant de l'asservissement. L'indépendance acquise, à la place du colonisateur, une nouvelle caste s'est installée, reproduisant malheureusement le même schéma. Finalement, seule la couleur de la peau a changé. Les mêmes brimades perdurent.

Ce bon vieux continent, qui a tout pour réussir, est devenu le concentré de toutes les misères de l'humanité. Ceux qui décident d'aller à la conquête du pouvoir d'État, se transforment en monstres dès qu'ils sont élus. C'est bien la triste réalité, car même les prétendus démocrates convaincus, très vite, se muent en dictateurs.

Aussi, la lutte des esclaves devraient inspirer chaque citoyenne et chaque citoyen de nos pays en proie à la prédation de l'économie par des dirigeants cupides, corrompus, sans foi et sans loi, qui abusent de leur mandat pour maintenir dans les fers de l'ignorance, de la faim, de la maladie…leurs concitoyens.

Que dire à ceux qui souffrent du fait de l'asservissement, si ce n'est que de reprendre ces mots prononcés à la face du monde le 4 octobre 1984, à savoir :

« Nos yeux se sont ouverts à la lutte des classes, il n'y aura plus de gifles… (Car) seule la lutte libère et nous en appelons à toutes nos sœurs (à tous nos frères) de toutes les races pour qu'elles (qu'ils) montent à l'assaut pour la conquête de leurs droits. »

Daniel Amagoin TESSOUGUÉ
Docteur en droit
Magistrat
Procureur Général près la Cour d'Appel de Bamako

AVERTISSEMENT

Après la sortie en 2012 du livre ***Esclavage au Mali***, sous la direction de Naffet Kéita, avec la collaboration de MM Cheikh Chikouna Cissé, Salif Togola, Birama Diakon et Soumaguel Oyahit, et avec l'appui financier du Département pour le Développement International (DFID) du gouvernement du Royaume-Uni, l'Association Temedt et son réseau national ont décidé de publier des témoignages et des récits d'esclaves sur leurs conditions de personnes serviles, privées de libertés.

Il ne faut pas s'attendre à un livre scientifique ou à une œuvre littéraire. Les puristes dans ces domaines seront déçus. Les récits proviennent de toutes les origines, de tous les milieux : bambara, songhaï, peulh, arabe, bobo, tamasheq, etc. Les récits ont été rapportés tels que transmis par les militants de Temedt. Dans certains documents les noms des personnes, des acteurs et des lieux ont été conservés, mais ils ont été modifiés dans d'autres pour des raisons de sécurité – pour éviter des représailles.

Agés de 2 à 15 ans, 140 enfants, dont six (6) seulement scolarisés, ont été évoqués au cours de ces témoignages. Pour la plus part, ce sont des captifs, enlevés par les maîtres, souvent vendus, troqués, torturés, agressés ou portés disparus. Ils sont rarement héritiers. De longs témoignages ont été offerts par des victimes d'esclavage ayant déjà déposé des plaintes (restées sans suites) auprès des instances judiciaires de leur localité.

Des récits concernant des nourrissons ont été retirés du livre. Il y a, par exemple, le cas de ce nourrisson qui fut étranglé par le maître de sa mère-esclave, parce que pour lui le bébé empêchait la maman de travailler ; et dans un autre cas l'enfant fut castré, pour servir probablement d'énuque !

Les témoignages portent sur des situations allant du début de l'indépendance à la rébellion de 2012.

Ce livre, financé par la Fondation Rosa Luxembourg, a pour objectif principal de sensibiliser les opinions africaines et internationales, en générale, et maliennes en particulier, sur l'odieuse pratique de l'esclavage.

La lecture de ces récits peut choquer, mais y a-t-il quelque chose de plus choquant que de voir une personne asservie par son semblable ? Nous osons croire que ce second livre sur l'esclavage au Mali incitera notre pays, le Mali, à adopter très prochainement une loi criminalisant l'esclavage, comme c'est le cas chez nos voisins, le Niger et la Mauritanie.

PREMIÈRE PARTIE

TÉMOIGNAGES DIRECTS

Dans cette partie sont regroupés les témoignages directs d'esclaves relatant leur vie dans la servitude et leur fuite pour retrouver la liberté. Ces hommes et femmes y exposent aussi les difficultés des premiers pas de personnes libres et affichent leur détermination à se battre pour préserver cette liberté pour elles et leur descendance.

1. Eglas Ag Tokaye

Je suis esclavage depuis ma naissance. Aujourd'hui, je vis à Kiremba, cercle de Mopti. J'ai fui pour arriver ici. Mon père et ma mère étaient tous esclaves de Mougaz. Notre maître était le chef de la *Fraction*[1].

Mon rôle a toujours été le même : je faisais le thé et lui massais le corps autant qu'il le voulait. Tous les soirs je lui massais le corps jusqu'à ce qu'il s'endorme.

Pendant la sécheresse de 1973, mon père a fui, accompagné de ma mère, me laissant seul entre les mains du maître. J'étais avec d'autres esclaves. Je n'ai pas compris le comportement de mes parents. Ils auraient pu m'amener avec eux dans leur fuite. J'avais 12 ou 13 ans.

Depuis que mes parents ont fui, mon statut a changé : j'étais désormais chargé des corvées d'eau et de la recherche de bois de chauffe. Je rencontrais souvent des connaissances et même des proches qui me demandaient de fuir comme mes parents.

L'année de l'arrestation de Tiékoro Bagayoko (1978), j'ai profité d'un voyage de mon maître à Bamako pour m'enfuir. J'ai emmené dans ma fuite des animaux qui étaient sensés appartenir à mon père. J'étais accompagné de ma femme et de mon enfant de deux ans.

Mon maître ne savait pas où je me trouvais. C'est seulement l'année dernière qu'il a su que je me trouvais à Kiremba. Je suis

---

1 *Une Fraction nomade* : Ensemble de personnes (ménage ou non) se reconnaissant des liens de parenté et se réclamant de l'autorité traditionnelle d'un seul chef appelé Chef de fraction (Amanokal N'Tawset en langue tamachèque). Les fractions sont désignées par leurs noms, lesquels sont complétés, au besoin, par des chiffres (lorsqu'il existe plusieurs fractions portant le même nom). Il peut y avoir plusieurs fractions apparentées, rattachées à une même commune, mais une même fraction ne peut s'étaler sur plus d'une commune (Sidi Mohamed Ichrach, *Décentralisation et Chefferie traditionnelle au Mali*, Assises de la Décentralisation, Bamako, 2013).

désormais un notable de ce village que j'ai intégré définitivement. Et, comme il avait une rancune contre moi, il a voulu se venger de moi. Il a monté un coup avec le maire de sa localité : il m'a amené une convocation, sous prétexte que j'avais des arriérés d'impôt sur une période de 20 ans.

Je lui ai rétorqué que je n'ai jamais su que j'étais recensé au moment où je vivais chez lui. J'ignorai cela. En vérité je ne l'étais pas, comme mon père et ma mère d'ailleurs.
Aussi le chef de village et ses conseillers sont venus à mon secours, en lui démontrant que depuis plusieurs années je suis recensé dans leur village et que j'y paye mes impôts régulièrement.

Lorsqu'il a compris que tout le village était prêt à me soutenir, il a changé de ton et s'est montré plus conciliant : « Tu es un frère, seule la mort peut nous séparer. N'oublie pas que notre union vient de dieu. Je te pardonne pour mes animaux que tu as volés. Et pardonne-moi si je t'ai fait du mal ».
J'ai fait la sourde oreille et je n'ai pas prononcé un seul mot. Je hais la situation d'esclave. Il est reparti le lendemain très déçu, sans laisser de trace.

J'ai goûté à la liberté et, pour rien au monde, je ne m'en priverai désormais, ni moi ni mes enfants.

2. Indiade

Je suis né esclave dans un campement de feu Hamzata, mon maître. Il m'a élevé et modelé selon ses intérêts. Mon maître avait un très grand troupeau de vaches et il était difficile pour un seul homme de conduire autant d'animaux.

Je n'avais pas de repos. A l'aube j'amène les vaches au pâturage. Je reviens vers huit heures pour les traire. Je finis vers 11heures aidé par ma femme et mes enfants. Vers midi je ramène les vaches sur les pâturages et c'est toujours après le crépuscule que je reviens au campement. La phase la plus difficile est l'abreuvage qui prend près de deux heures tous les jours excepté pendant l'hivernage. Cependant, pendant cette période je peux passer trois heures de temps pour traire les vaches. J'avoue qu'il y a tellement de vaches à traire que j'en abandonne un grand nombre tous les soirs.

Mes enfants, au nombre de trois, s'occupent des veaux. A l'âge de 6 ans l'aîné m'accompagne sur les pâturages. Nous ne sommes pas maltraités par le maître et sa femme. Ils n'ont pas le choix. Nous sommes les seuls esclaves dans la famille. Ma femme, mes enfants et moi nous mangeons à notre faim. D'ailleurs pendant l'hivernage nous sommes obligés de verser beaucoup de lait. Cependant, je ne possède aucune vache, ni moi ni ma femme. Mon maître me disait souvent pour m'encourager : « toutes les vaches t'appartiennent ».

Après une courte maladie mon maître mourut. Il n'avait pas d'enfants. Sa femme hérita de tout le troupeau. Malheureusement la sécheresse de 1983 décima les animaux. En milieu Tamasheq on dit que « les animaux ont accompagné leur propriétaire. » Dans ce cas, il s'agit de mon maître. Les parents de ma maîtresse sont venus la chercher. Et cela pour deux raisons :

- Ils la soupçonnent d'être amoureuse de moi. Je peux l'avouer aujourd'hui, c'est vrai, elle voulait que je l'a prenne comme femme. J'avais peur de la réaction de ses parents, c'est pourquoi j'ai décliné plusieurs fois la proposition.

- Un de ses cousins, qui l'avait demandée en mariage pendant sa jeunesse, voulait profiter de sa position de veuve pour la reprendre.

Ses parents n'ont jamais accepté son mariage avec son cousin. Finalement il s'est marié avec la veuve de mon maître.

Pour ma part sans bien aucun, mais désormais libre, je suis venu en ville où j'exerce le métier de docker au niveau du quai de Mopti.

J'ai goûté à la liberté et je dispose entièrement du fruit de mes efforts.

3. Inamoud Ag Alzou

Je viens de Gourou. J'étais esclave. Mon maître était Hamou Ag Boubacar du groupe ethnique touareg Kel Alhorma. On me raconta qu'il m'avait échangé contre une poignée de tabac avec un autre touareg, Bouha. Bouha était le maître de mon père.

Je suis avec lui depuis l'âge de 5 ans, cela remonte à l'année de l'indépendance du Mali. J'ai fait 27 ans chez lui. Je faisais le berger.

Il m'avait donné comme femme une jeune fille qui était l'esclave d'un autre Monsieur. En réalité j'ai découvert que mon maître aimait cette jeune esclave. Il ne ratait aucune occasion pour coucher avec ma femme. De jour comme de nuit. Le soir il y avait une sorte de signal qu'il donnait lorsqu'il voulait que je m'éloigne de ma hutte qui se trouvait à une cinquantaine de mètres de sa tente. Il disait : « Vas causer chez tes camarades. » Cela signifiait que je devais m'éloigner pour un bon moment.

Le jour il envoyait ma femme dans un bois qui se trouvait à quelques kilomètres du campement pour aller abuser d'elle. Il poussait souvent l'audace jusqu'à faire ce qu'il voulait et cela en ma présence et en plein jour.
Sa femme était très gentille et traitait les esclaves comme ses propres enfants.
Il justifiait son comportement par le fait qu'il trouvait sa femme trop grosse pour lui. Sa femme était surnommée *La Dormeuse*, car elle aimait beaucoup dormir et cela à tout moment.
Il a toujours menacé de s'en prendre à moi, si jamais sa femme apprenait cette histoire.

Ma femme et moi nous ne supportions plus ce comportement inhumain et indigne de notre maître. Alors on a pris la décision de nous enfuir.
On prépara en toute discrétion nos provisions et choisit de bons ânes qui nous ont servi de monture. En deux jours on a rejoint N'Gouma. Après deux autres jours nous avons rejoint Fatoma

où nous avons séjourné pendant deux ans. Je me suis approprié les ânes que j'ai volés. Ma femme est devenue une tresseuse de grande réputation. De mon côté je faisais le manœuvre et je me suis constitué un petit troupeau de chèvres.
De crainte d'avoir des ennuis on a décidé de rejoindre Sévaré.

Trois ans après, un autre esclave, qui avait fui à son tour, nous a raconté ce qui s'était passé après notre départ. Des voisins qui étaient au courant des infidélités de mon maître ont tout raconté à sa femme. Elle abandonna le domicile conjugal pour rejoindre sa famille. Les ânes volés lui appartenant, elle demanda à son mari de ne jamais les rechercher. Elle renonça aux ânes à notre profit. Son mari avait vendu ses animaux pour accompagner un groupe de pèlerins qui partaient à la Mecque à pied.
J'ai compris alors pourquoi on n'a jamais été inquiété.

4. Agaly Ag Imanan Dicko

J'ai quitté Bambara-Maoudé. Mon père, Imanan, était un esclave de Mossa Ag Erzaghahit.

A la mort de Mossa je fis partie de l'héritage de l'une de ses filles. Je suis resté un grand nombre d'années dans les liens de l'esclavage. J'étais à la fois au service de ma maîtresse et de son mari. Je faisais le ménage comme les femmes avant de conduire les animaux aux pâturages.

Le mari de ma maîtresse était très méchant. Si jamais il m'arrivait de perdre un animal on m'attachait sous le soleil nu (sans pantalon ni chemise), sans boire ni manger pendant toute la journée. C'est un autre esclave de son frère qui surveillait pendant ce temps les animaux. J'ai subi ce mauvais traitement trois fois.

Un jour, alors que j'imaginais comment fuir, j'ai vu une caravane arabe de chameaux qui portaient du sel en direction de Mopti. Je l'ai suivie à distance. Chaque fois qu'elle campait, je m'arrêtais à distance et je me reposais suivant leur rythme. Finalement l'un des caravaniers s'approcha de moi pour me demander ce que je voulais.
Je répondis que je voulais me rendre en ville pour chercher du travail. Ils acceptèrent ma compagnie. Finalement je me suis mis à leur service et à leur tour, ils me donnèrent à manger jusqu'à Mopti.
J'ai continué à les servir. Après avoir vendu leur sel ils me donnèrent une petite somme d'argent et me confièrent à leur logeur. Chaque fois qu'ils venaient à Mopti je me mettais à leur service.

A leur départ je faisais l'apprenti-boucher. Finalement avec ma petite économie, j'ai ouvert une petite rôtisserie. Aujourd'hui par la grâce de dieu je me débrouille très bien. L'esclavage, je ne veux plus en entendre parler.
Je suis prêt à tuer celui qui oserait vouloir me reprendre comme esclave.

5. Imoutinou Walet Inchana

Dès mon jeune âge j'ai été mise au service d'une des filles de mon maître Ousmane Ag Hamada. Je suis restée chez elle jusqu'à l'âge de 25 ans. Elle est très capricieuse. A l'âge de 15 ans elle arrangea des relations amoureuses entre un de ses cousins et moi.

J'étais très innocente, je ne comprenais rien. Tous les soirs il venait me rejoindre derrière la tente de ma maîtresse. Elle surveillait tous mes gestes. Quand je repoussais le Monsieur, elle proférait des injures à mon égard. Elle assistait à distance à tous nos ébats. Suite à ces relations j'ai contracté une grossesse et j'ai accouché d'une fille qui était aussi blanche que ma maîtresse. A trois ans, elle me retira ma fille pour l'envoyer chez une de ses cousines qui vivait dans un autre campement.

Elle chercha un autre amant pour moi sans demander mon avis. Des œuvres de ce dernier j'ai accouché, cette fois-ci, d'un garçon.

Trois ans après, j'ai rencontré un homme au bord d'une rivière. En confidence, il me fit part de son désir de m'épouser. Je lui répondis que s'il était vraiment sincère, il devait garder ce secret, car si jamais ma maîtresse l'apprenait elle s'y opposerait farouchement.

Ceci nous poussa, mon nouveau prétendant et moi, à nous enfuir un jeudi soir par la piste qui reliait Tombouctou à Douentza. On embarqua dans un camion en partance pour Douentza. C'était la première fois que je montais dans un véhicule. J'ai beaucoup souffert car j'ai vomi en abondance. J'étais cependant heureuse de découvrir enfin le plaisir de la liberté. De Douentza le camion nous amena à Mopti où mon mari décida de nous installer.

Aujourd'hui, je mène une vie paisible. J'ai 5 enfants, mais je suis toujours hantée par le souhait de retrouver ma fille et mon garçon qui m'ont été enlevés. Ils sont tous avec ma maîtresse.

Je ne pardonnerai jamais à cette dernière le fait qu'elle me livrait à la prostitution : ''mes amants'' lui faisaient régulièrement des cadeaux.
Avec mes enfants, elle augmentait le nombre de ses esclaves. Je ne sais pas quel sort elle a réservé à ma fille. J'espère qu'elle, ma fille, ne subira pas le même destin que moi.

Demain (dans l'au-delà) le jugement sera cruel. Pour ma part, je ne serai définitivement libre que le jour où je retrouverai mes enfants.

6. Rahmatou Walet Ikaltan

Mon histoire est curieuse. J'ai grandi chez mon maître Aliyou Ag Mahamad. Depuis que j'ai atteint l'âge de la puberté il entretenait avec moi des rapports sexuels constamment. J'étais la seule esclave dans le campement qui avait une moustiquaire que je dressais tous les soirs à côté de celle de ma maîtresse. La même nuit il pouvait être avec sa femme ensuite avec moi.

Sa femme trouvait cela normal au point que, lorsqu'elle n'était pas disponible, elle lui disait : « Il faut voir chez ma coépouse (en faisant allusion à moi), je suis sûre que tu seras satisfait car elle supporte tout. Je rappelle que sa maman a été troquée contre une ânesse ». Cette découverte que ma maman a été échangée contre une ânesse ne m'a pas fait mal. Tous les esclaves ont leurs histoires, les unes aussi horribles que les autres.

L'obsession de mon maître à mon endroit était exagérée. J'étais une bergère qui s'occupait des moutons. Vers le début de l'après midi, il me rejoignait dans le bois où les moutons se reposaient pour coucher avec moi. On a aménagé un abri à l'intérieur duquel nous faisions nos bêtises.
J'avoue qu'il me gavait de toutes sortes de décoction pour que je ne tombe pas enceinte. Une nuit où il s'est introduit sous ma moustiquaire après avoir fait des histoires avec sa femme, j'ai entendu cette dernière lui dire : « Le jour où elle accouchera, elle deviendra ta femme et tu vas reconnaitre l'enfant. » J'ai alors compris pourquoi il ne voulait pas que j'aie un enfant.

Un jour, comme à l'accoutumé, j'étais au niveau du bois où mon maître a l'habitude de me retrouver et je me suis endormie. J'ai été réveillée par les salutations d'un chamelier. Il me demanda si je n'avais pas un peu d'eau pour lui. Je lui ai donné une gourde remplie d'eau.

Après avoir étanché sa soif, il me demanda qui j'étais et d'où je venais. Après avoir satisfait sa curiosité, il se tut pendant un long moment, puis il souffla très fort. Et me demanda avec insistance si la dame dont je venais de citer le nom était vraiment ma mère. Je lui répondis par l'affirmative.

Il remercia Dieu le Tout Puissant. Et me dit : « Cette femme est ma propre sœur. J'ai appris qu'elle est morte il y a quelques années, je n'ai jamais su chez quel maître tu te trouvais. On me la toujours caché. Alors si tu es d'accord je te prends sur mon chameau, tu quitteras dès aujourd'hui ces imbéciles ». Ma réponse a été la suivante : « Non ! Pas tout de suite car mon maître va me rejoindre dans quelques instants et il constatera mon absence. Attendons après son départ. Et surtout éloigne toi et cache toi ».

Comme prévu mon maître ne tarda pas à venir. Je savais que mon oncle était à l'affût non loin de là. J'ai tout fait pour repousser mon maître ce jour là, mais il refusa. D'habitude si je lui parle de mes règles il s'éloigne de moi. Ce ne fut pas le cas cette fois-ci. J'avais l'impression qu'il sentait que c'était la dernière fois.
Je succombais à ses avances. J'avais honte car je savais que mon oncle verrait tout.

Après le départ de mon maître, il s'approcha de moi sans dire un mot. Il me prit par la main et me conduisit vers son chameau. Il monta le premier et me prit-en califourchon sur le dos du chameau.
C'est le lendemain, arrivés à Hombori, qu'il fit allusion à l'acte dont il avait été témoin dans le bois entre le maître et moi : « Je rends grâce à dieu de m'être abstenu de commettre un crime hier, et je le prie de venir à ton secours tout le reste de ta vie. »
Il me confia à un chauffeur qui m'amena à Konna chez une tante.
Dès mon arrivée plusieurs prétendants tournèrent autour de moi. Je fis mon choix. Aujourd'hui je suis avec mon mari à Eim-N'Alher. Je mène une vie normale, entourée de mes enfants.

7. Imadam Ag Koussou

Je viens d'un campement de Dagha dans le cercle de Diré, région de Tombouctou. On m'a dit que mon grand père était esclave dans un marché au moment où il y avait les Blancs ici. Le grand père de mon maître aurait acheté le mien avec l'un de ses parents dont l'activité était l'achat et la vente d'esclaves. Mon père fut, en premier, l'esclave du père de mon maître. On comprend facilement que j'avais le même âge que mon maître. Mon activité principale était de conduire les animaux aux pâturages. Mais au campement je m'occupais de tout. Il m'arrivait de faire la cuisine. Mon maître me flattait en me faisant croire que j'étais le meilleur cuisinier du campement. Il trouvait que j'étais le spécialiste de l'*Alabadja*, un plat très prisé par les Kel Tamasheq.

Vers l'âge de 28 ans, il m'a donné une femme borgne que je n'aimais pas du tout. Quand je me suis plaint, il m'a dit sans ambages : « il faut la labourer pour me faire de petits esclaves qui vont te remplacer quand tu seras vieux. »
Cette femme, pour laquelle je n'avais aucun sentiment, ajouté à son comportement à mon égard ont favorisé ma fuite.

Avant de partir j'ai confié à son fils le message suivant : « Les deux cabris feront un bon héritage. Le géniteur peut se retirer l'esprit tranquille ». Par les deux cabris, je faisais allusion aux deux enfants que j'avais eus avec cette femme que je détestais. Le fils de mon maître ne comprit rien à mon message. C'est lorsqu'il constata mon absence qu'il transmit le message à son père. Ce dernier se lamenta beaucoup et s'en voulut pour son comportement à mon égard. Il me chercha partout et, après un mois, il découvrit que j'étais à Mopti. Il envoya auprès de moi un marabout pour se faire excuser et demander mon retour, avec de nombreuses promesses. J'ai poliment renvoyé le marabout.

Je savais que mon départ allait ruiner mon maître car, en fait, nous avons passé notre enfance ensemble et il ne supporte pas du tout que je m'éloigne de lui.

A Mopti, j'ai gagné de l'argent. Je me suis marié à une femme que j'ai choisie moi-même et qui m'a donné sept enfants.
Je pense qu'un jour mes enfants, qui sont chez le maître, vont me retrouver. Je suis présentement à quelques kilomètres de Mopti dans le village de Eim N'Alher, un village que nous avons créé, mes semblables (esclaves) et moi.

8. Ifada Ag Intaborak

J'ai ouvert les yeux (je suis né) dans la famille Mossa, père de Marouchette. Marouchette est né cinq (5) ans après moi. Je fais les travaux domestiques comme le font les femmes avant de conduire les vaches au pâturage.

J'ai souffert du fait que je ne mangeais pas à ma faim.
Le moment le plus difficile pour moi était la saison sèche, car je détestais le fait de puiser de l'eau.
Je retiens aussi le fait que mon maître a refusé de me donner une femme.

Un jour mon maître m'a demandé de suivre un Arabe. Les « Blancs » étaient chez nous. Je pense que mon maître m'a vendu à l'Arabe. Alors j'ai été très docile avec mon nouveau maître, Hamza. Arrivé à Kabara à quelques kilomètres de Tombouctou, je me suis caché. Je me suis confié à des piroguiers bozos. Ils pratiquaient la pèche au filet. Je les aidais. J'étais très heureux, car je mangeais autant que je le désirai.

Aussi, comme j'étais élégant et beau, les filles bozo me faisaient la cour. J'ai fini par me marier à une qui se nomme Maminé. Je suis venu m'installer à Mopti.

Un jour j'ai appris la création d'un nouveau village, à côté de Sévaré. Je me suis inscrit parmi les volontaires. Ma femme bozo est morte. Elle m'a laissé trois enfants. Ma seconde femme qui vit avec moi encore est une Bella que j'ai connue à Mopti.

Ainsi va la vie. Je suis vieux de quatre vingt dix ans, mais je suis encore solide. Je n'ai plus vu mon maître arabe auquel mon criminel de maître m'avait vendu. Si je n'avais pas fui j'allais avaler beaucoup de sel dans les salines de Taoudéni. Un Arabe ne connait que le sel.

9. Amanakea Ag Akli

Mon maître était Mohamed Ag Almoustapha. Il résidait dans le cercle de Douentza à Tanel. Mon maître m'avait arraché à ma famille vers l'âge de sept (7) ans, au temps du président Modibo Keïta.

Comme travail, je m'occupais exclusivement des animaux. Mais j'étais le berger le plus malheureux du monde, car je n'avais pas le droit de boire du lait. Le soir lorsque je revenais du pâturage, on vérifiait si je n'avais pas remplacé le veau en tétant quelques vaches. Au moment de traire les vaches, j'étais soumis à l'exercice le plus dur de ma vie : chaque fois que je dois traire une vache, je remplis ma bouche d'eau que je dois cracher devant ma maîtresse quand je reviens lui remettre le lait.

Mon maître m'a donné aussi en mariage une jeune fille métisse, une mulâtresse d'une très grande beauté. Le drame est que mon maître l'aimait follement.
A cause de ma femme il m'a fait souffrir. Je devais régulièrement m'éloigner de ma femme. Les quelques rares fois que je me couchais, dans mon lit, avec ma femme, il cherchait n'importe quel prétexte pour me battre. Tout le monde ignorait la raison de son courroux, sauf ma femme et moi.

Après la mort de mon père, qui habitait à deux jours de marche du campement de mon maître, il s'empara de son troupeau de vaches. Mon père avait soixante-dix (70) têtes de vaches.
Comme j'avais eu l'audace de réclamer mon héritage, il me ligota devant ma femme avec l'intention de me tuer. Je pu briser la corde avec laquelle il m'avait ligoté pour me sauver.
Finalement je me suis retrouvé à Sokoura, une commune du cercle de Mopti. Je fais le charbonnier et je gagne dignement ma vie. Ma femme est devenue folle quelques temps après ma fuite. Mon maître a disparu car la grande sécheresse a ravagé tout son troupeau. Je ne sais plus ce qu'il est devenu.

10. Demba Ag Sewatid

Mon maître s'appelle Ibrahim Ag Abdou. Je suis né d'un couple d'esclaves.
Je faisais le berger dès l'âge de quatre (4) ans. Et très jeune mon maître m'initia au vol des animaux d'autrui. Je conduisais des brebis. Mon maître exigeait que je ramène des brebis d'autrui qu'il égorgeait. Plus tard j'ai compris que mon père lui aussi était un spécialiste du vol d'animaux d'autrui. Le fruit du vol nous permettait de vivre tous dans une certaine opulence.

Mon maître était très docile envers mon père et moi. C'était un guerrier, par conséquent je suis d'une famille de guerrier. Un guerrier doit toujours manger à sa faim. « Son bien lui appartient, le bien d'autrui aussi lui appartient », telle est la devise du vrai guerrier. Tous nos voisins avaient peur de nous. Nous ne vivions pas dans les mêmes conditions que les autres esclaves. Nous considérions tous les groupes comme des ethnies vassales (maîtres comme esclaves), comme inférieures à nous.

Nous faisions des gaffes mon père et moi, et notre maître avait le devoir de nous protéger. C'est la vie des guerriers Imazaghanes. Une fois, j'ai volé les chameaux d'un Arabe et je me suis retrouvé en prison. Je fus libéré après deux ans. J'ai considéré que mon maître était devenu un lâche car il n'avait pas pu m'éviter la prison. Alors j'ai pris la décision de le quitter. Je suis venu à Mopti où j'ai continué à voler. J'ai été à plusieurs fois confronté à la justice.

Et finalement, j'ai décidé de faire le boucher. Ce qui me permet de vivre aujourd'hui. Mon ancien maître vient souvent chez moi. On garde des relations de fraternité. Mes enfants qui sont nés ici à Mopti le considèrent comme leur oncle. Et c'est vraiment leur oncle car, chaque fois qu'il vient ici, il leur apporte des cadeaux. Mon ancien maître me dit souvent : « Les choses ont changé. La vie de razzia ne peut plus continuer aujourd'hui. Et le travail que tu fais maintenant est mieux que ce que nous faisions par le passé. »

11. Ouélematou Coulibaly

Je réside à Djonjory dans le Kounari. Je suis une *Dimadjo*[2], c'est-à-dire une esclavage. Je suis chez mon maître depuis l'âge de sept ans. Cela me fait quinze ans aujourd'hui chez lui.
Je suis mariée à un de ses esclaves. Nous sommes tous chez le maître. Mon mari s'occupe des champs du maître et moi je m'occupe des travaux domestiques.
C'est le maître qui nous habille et nous nourrit. J'ai deux filles et deux garçons. Naturellement les garçons suivent les traces du père et les filles celles leur mère.
Notre maître est très gentil avec nous et nous considère comme ses enfants.
Sauf que ses enfants vont à l'école tandis que les nôtres suivent nos pas.
La seule chose dont j'ai horreur c'est de faire la cuisine avec des bouses de vache. La fumée des bouses de vache me rend malade.
Je pense bien que nous resterons chez le maître toute notre vie.
L'esclave est né pour servir son maître.

[2] Dimadjo : désigne une femme esclave chez les Peul

12. Bello Tamboura

Je me souviens de ce que mon père m'a dit : « Mon père, c'est-à-dire ton grand père, a été capturé lors d'une bataille de la *Dyna* au temps de Sékou Amadou. » Je suis cultivateur. Je m'occupe des champs de mon maître et de toute sa famille. C'est mon destin. Depuis trois générations mes parents sont liés à cette famille. Nos relations sont relativement bonnes.

Aujourd'hui j'accepte d'être dans cette famille comme esclave. Mais mon fils qui est parti à l'école n'est pas d'accord avec cette situation.
Il veut que je quitte cette situation. Je ne peux pas quitter mon maître Hassane Bâ. On a grandi ensemble. Nous sommes des frères. Je ne peux pas le quitter. Je suis tout pour lui, et en retour il est tout pour moi. Nous sommes liés par un pacte.
Je ne me considère pas comme esclave mais comme un frère. Je ne peux pas obliger mes enfants à suivre ma voie.
Chacun vit son destin. Mon fils aîné a cessé de venir chez moi. Il m'envoie des présents. Il semble qu'il n'est pas fier de moi. Je pense que les choses vont s'arranger un jour.

13. Wéloré Tamboura

Je suis née dans l'esclavage. Je suis D*imadjo* (femme esclave en peul). Actuellement, je suis avec mon mari chez notre maître. Mon mari s'occupe des terres du maître. Moi je fais du commerce de riz. Le riz appartient à la famille du maître.

Nous mangeons ensemble les mêmes plats. Je mange avec les femmes du maître et mon mari mange avec le maître. Nous n'avons pas de terres qui nous appartiennent. Nous sommes considérés comme des enfants. On attend tout du maître. J'avoue que le maître habille ses enfants et ses femmes d'une fête à l'autre. Je reçois les mêmes habits que ses femmes. Je suis chargée de la gestion des céréales de la famille. Nos enfants font les mêmes travaux que ses enfants.

Je ne me fais cependant pas d'illusions : « Moi, mon mari et nos enfants, nous sommes considérés comme des biens de la famille ». Les femmes du maître ont peur de moi. Car le maître et toute sa famille savent que le jour où je vais décider de les quitter, accompagnée de mon mari et de mes enfants, ce sera fini, nous allons les quitter. Le hasard a fait que j'ai fréquenté l'école française pendant quatre ans. Je me débrouille un peu en français et j'écris un peu. Ils ont tous peur de moi à cause de ça.

Voici comment je suis partie à l'école : « Mon maître avait une cousine enseignante qui été affectée à l'école de notre village. J'avais huit ans. Il m'a affectée chez sa jeune cousine qui était célibataire. Je faisais les petits travaux chez Madame Lobo. C'est comme cela qu'on l'appelait dans tout le village. Cependant, chaque fois qu'elle partait à l'école je l'accompagnais car c'est moi qui portais son sac. Une fois à l'école, elle me donnait une place à côté des autres élèves. J'étais très intelligente. J'étais toujours la première.

Après quatre ans Madame Lobo s'est mariée et elle a quitté le village. Elle a tout fait pour m'amener avec elle. Mais mon maître s'y est violemment opposé.

Aujourd'hui encore je le lui rappelle quand je me fâche. Lobo ne m'a jamais oubliée. Elle m'envoie régulièrement des cadeaux. Tous nous enfants partent à l'école. Ce n'est pas du goût de mon maître. Mais il a peur de moi. Notre maître nous caresse dans le sens du poil. Il le dit chaque fois : « Après lui les liens entre les deux familles vont se briser ».

Les trois femmes du chef sont très jalouses de moi. Et cela pour des raisons curieuses. Elles trouvent que je suis heureuse : « Je suis seule avec mon mari. Alors que les trois partagent un vieil homme. Elles savent que mon mari a peur de moi et pour cela il n'osera jamais parler de coépouse. Alors les trois n'osent jamais exprimer un point de vue contraire à celui de leur mari ».
Le statut d'esclave qui nous colle à la peau est une injustice et je ne souhaite pas que mes enfants continuent à le porter.

14. Malik Napo

Je suis de patronyme Napo, donc un homme de caste. Nous ne sommes pas des esclaves. Mais il n'y a pas de différence. Nous vivons en milieu Dogon. Les Peuls nous considèrent comme des Dogons, alors que pour les Dogons nous sommes des moins que rien. Nous faisons les petits travaux des Dogons.

Nous animons les cérémonies de mariage et de baptême des Dogons. Cependant nous sommes exclus des cérémonies culturelles sacrées. Il n'y a pas de mariage entre nous et les Dogons parce que tout simplement on nous considère comme les parias de la société. Nous sommes probablement moins que des esclaves.
C'est là une injustice qui doit être corrigée par notre société.

15. Gomni Maïga

Ma mère vient de Goungoubéri dans le cercle de Rarhous. Elle a été vendue vers l'âge de sept ans par son maître, un Touareg, à un chef Songhaï. Elle est décédée il y a près de dix ans. Je suis dans la famille du maître avec mes deux frères et mes trois sœurs.

Nous sommes tous mariés à des hommes qui ne sont pas des esclaves du maître, mais le maître exige que nous restions dans sa famille où dans une hutte non loin de lui. C'est la première condition qu'il pose à nos prétendants. Les choses commencent à changer.

L'un de mes frères, Hamadoune, est parti en Côte d'Ivoire où il a eu beaucoup d'argent. Il est riche et il s'est même marié à une fille qui se dit noble. Les rapports entre notre maître et nous sont très souples. Cependant, toutes les terres appartiennent aux différents maîtres. Cette situation nous rend très dépendants.

Je suis présentement veuve et je vis à cheval entre la maison de mon frère et celle de mon maître. Mon frère s'occupe de mes enfants. Mon frère est aujourd'hui le principal soutien de la famille du maître.

Le statut d'esclave qui m'est collée me dérange. Je ne fais pas partie de ces esclaves qui font l'apologie de l'esclavage.

16. Koula Yattara

Je suis l'esclave d'une femme touareg du nom de Bouchra. Elle appartient au groupe Imghad. Ma maîtresse ne m'a jamais parlé de mes origines. Je ne connais rien de mes deux parents. Elle n'a pas d'enfants. Ses deux premiers maris sont morts après un an de mariage. Et le troisième est mort après deux ans. Aussi les hommes ne veulent plus la marier.

Elle fait donc désormais peur aux hommes et fait l'objet de beaucoup de craintes. Cependant elle entretient beaucoup d'amants. Elle est très méchante. Je n'oublierai jamais certains de ses châtiments. Elle est très immense. Un jour, elle m'attrapa avec ses gros bras, mit mon cou sous son genou et me coinça entre sa jambe et sa cuisse. Elle ne me libéra que lorsque j'eus déféqué sur ses habits. Cela lui faisait plaisir. Elle était cruelle.

Les travaux domestiques ne me faisaient pas peur. Ce que je redoutais c'était la toilette intime de cette grosse femme que je devais faire deux ou trois fois par jour. C'était très éprouvant.

J'ai profité un jour de l'une de ses nombreuses maladies pour disparaitre avec mon amant qui voulait me marier. C'est lui qui est mon mari aujourd'hui. Elle n'a pas survécu à mon départ. Elle est morte quelques mois après.

Je porte encore des séquelles de cette femme. Une fois elle s'est assise sur ma poitrine. Depuis cet acte j'ai souvent l'impression que mon cœur veut se fendre.

17. Imahalahitt Ag Tagada

Je suis fils d'esclave, né dans l'esclavage. Mon maître est un grand marabout Kel Essouk. Je ne veux pas qu'on écrive son nom car il vit et il a beaucoup changé. J'ai été esclave. Mais un esclave rebelle. Je fus plusieurs fois battu.

Un jour j'ai infligé une véritable correction au fils de mon maître. Je m'attendais à une correction. Mais mon maître a pris une décision très importante. Il interdit tout châtiment envers ses sujets à partir de ce jour là. Il demanda à tous les esclaves qui voulaient le quitter de partir. Je suis le seul à avoir pris la décision de partir. Il me donna un bouc que j'ai vendu au marché de Douentza.

Je me suis rendu à Bouaké, en Côte d'Ivoire, où je faisais le porteur dans un premier temps, ensuite vendeur de bananes plantains. J'ai gagné beaucoup d'argent. Mon maître, que je considère comme un oncle, est venu me voir en 1992, pendant la période de la rébellion au Mali. Et depuis il me rend visite régulièrement tous les deux ans.

Il me fait des bénédictions et m'apporte beaucoup de beurre, un aliment que j'aime beaucoup. Il n'arrête jamais de me demander pardon. Dans le campement il est interdit que l'on dise « esclave » à un Noir, car pour lui il a affranchi tous les esclaves. Il se consacre à prêcher la religion musulmane. Il semble que ce sont ses fils qui regrettent la période de l'esclavage. Je me considère comme libre. Et aujourd'hui, je le suis sur tous les plans.

18. Mohamed Ag Idare

Je suis esclave des Izaguayatanes. Chez nous, nous avons un grand paradoxe : les maîtres sont maîtres parce qu'ils sont des « Blancs », mais en réalité nos maîtres sont sous notre protection. Ce sont les Noirs qui jouent le rôle de maîtres. Nous les nourrissons, nous les protégeons. Ils sont faibles et très dépendants des autres communautés.

En fait c'est un groupe ethnique tamasheq très faible et sans problème. Les Izaguayatanes forment une communauté de quelques centaines d'individus. Les Izaguayatanes ne se battent jamais et passent pour être de grands rigolos.
Ils se mettent généralement au service des autres communautés tamasheq. Ce sont de grands coursiers. Ils ont la réputation de parcourir des distances énormes en un temps record.

En tout cas, nous les Noirs Izaguayatanes nous ne connaissons pas les abus de l'esclavage. Mais pour ma part je souhaite la disparition du statut d'esclave. Certains de mes maîtres Izaguayatanes sont venus me voir à Sikasso. Mais ils se mettent toujours sous la protection d'un Noir pendant toute la durée du voyage, à l'aller comme au retour.

Je n'ai jamais connu ni entendu qu'un Izaguayatane maltraite son esclave. C'est une exception parmi les communautés tamasheq. Mon maître, de son vivant venait régulièrement chez moi tous les ans. Il ne sortait jamais pendant tout son séjour. Il avait peur à la fois des personnes et des véhicules. Il faisait pitié. C'est vraiment le comble de la sagesse !

19. Aljou Ag Hadi

J'étais l'esclave de celui dont je ne veux plus prononcer le nom. J'ai grandi chez cet ennemi de Dieu. Je ne pensais qu'à le servir car pour moi, un Noir était toujours l'esclave d'un « Rouge ». J'étais très puissant. Je faisais la fierté de mon maître. Il m'encourageait constamment à voler les animaux d'autrui.

Je travaillais très peu car mon maître était le benjamin de sa famille. Chez les guerriers, c'est le grand frère qui hérite de tous les biens après le décès du père. Tout lui vient de la famille de son grand frère. Et comme ce dernier avait beaucoup d'esclaves qui s'occupaient de son grand troupeau, j'allais rarement aux pâturages. Ma plus grande activité était le vol. Je volais avec ou sans autorisation de mon maître, mais le butin revenait toujours à la famille du maître.

Une fois, mon maître est tombé malade. Après quelques jours, la maladie s'est aggravée. On me fit appel au crépuscule. Je l'ai trouvé allongé. Il me demanda de passer par-dessus son corps plusieurs fois. C'était un exercice auquel je n'étais pas habitué. J'ai passé toute la nuit à faire cet exercice.

Je me suis posé beaucoup de questions. C'est mon amante Hadi, esclave du grand frère de mon maître, qui m'expliqua les raisons de cet exercice auquel elle était très familière. Lorsqu'un maître tombe malade, il choisit un esclave auquel il transmet sa maladie ou le sort qu'on lui a jeté. On pense que si le maître doit mourir c'est l'esclave qui va mourir à sa place.

Quand j'ai compris les raisons du comportement de mon maître, je me suis présenté devant lui. J'étais dans tous mes états et je me suis adressé à lui en ces termes: « Alors qu'est-ce que tu veux ? Que je meure à ta place ? Je t'apprends que je ne vais mourir à la place de personne. Rassure-toi, je ne resterai plus chez toi ». Malgré sa maladie, mon maître quitta sa natte et se mit à genoux devant moi pour me supplier de ne pas l'abandonner. Il confirma que c'est un charlatan qui lui a conseillé de faire ce qu'il m'avait demandé.

Quelques mois après il mourut. Tout le monde a peur de moi. Quand j'ai décidé de partir, le grand frère de mon maître m'a donné un bœuf. C'était exceptionnel. C'est la première fois qu'un esclave reçoit un tel cadeau dans mon milieu.

Je suis parti mais je n'ai jamais pardonné le comportement de mon maître à mon égard. Cela était connu de tous. En réalité j'étais un esclave exceptionnel. J'étais un combattant et j'imposais le respect. C'est bien à cause de moi que les autres avaient peur de mon maître. Ils savaient combien j'étais prêt à le défendre ! C'est pour cette raison que le traitement qu'il m'a infligé est resté comme une arête dans ma gorge.

J'ai abandonné le vol et je suis devenu boucher. Avec mon âge avancé, j'ai laissé la place à mes enfants. J'ai quitté le campement l'année de l'indépendance du Mali. Je suis parti d'abord en Haute Volta, dans la ville de Bobo-Dioulasso. Je suis revenu au Mali à la deuxième guerre entre le Mali et le Burkina Faso (1985). Aujourd'hui je mène une vie paisible à Mopti.

Le « Blanc » n'aimera jamais le Noir. On peut se tolérer et c'est bien comme ça. Mes anciens maîtres m'appellent le taureau. Je garde de bonnes relations avec eux.

20. Aljou

Tu parles d'esclavage, j'ai été esclave et j'ai connu toutes ses facettes. Voici le récit de mon expérience :

« L'esclavage est larme, le rire est noblesse ;
L'esclavage est malheur, le bonheur est noblesse ;
L'esclavage est Noir, le Blanc est noblesse ;
L'esclavage est pauvreté, la richesse est noblesse ;
L'esclavage est tristesse, la joie est noblesse ;
L'esclavage est haine, l'amour est noblesse ;
L'esclavage est idiotie, l'intelligence est noblesse ;
L'esclavage est sottise, la ruse est noblesse ;
L'esclavage est enfer, le paradis est noblesse ».

C'est là le récit de l'artiste que je suis. J'ai vu toutes les facettes de l'esclavage. J'ai transformé ma souffrance en mélodie. J'ai chanté plusieurs mélodies sur l'esclavage. Je souhaite que tu écrives un jour toutes mes mélodies, elles serviront pour les générations futures.

« Hier comme aujourd'hui le bien enfante le mal et le mal enfante le bien. La souffrance montre le chemin du bonheur et le bonheur montre le chemin de la souffrance.
Après un dur labeur, après une journée terrible, après la soumission de l'esclave que je suis, c'est le souffle de ta poitrine qui guérit mon chagrin et cicatrise mes plaies.
Grace à toi, je peux apprécier le bonheur. Et je suis plus heureux que celui qui m'asservit, car moi je sais apprécier la douleur et le soulagement. Je connais les deux et cela me permet d'être un homme et d'apprécier les hommes. Face au démon qui terrifie, tu es l'ange qui caresse, qui soulage, qui guérit. Ta douceur éteint les flammes du feu brûlant du démon, brise l'acier du démon. Toi qui transformes le mensonge en vérité, le poison en lait, le sang en miel ! C'est pour toi que je chante. Ma bien-aimée, c'est pour toi et pour toi seule, Lalia, que je chante ».

C'est de cette façon qu'Aljou, un ancien esclave qui vit dans le Sanéré, a voulu exprimer sa vision de l'esclavage.

21. Lalia

Aljou et sa femme sont un couple extraordinaire. Aljou demanda à sa femme de faire elle-même son récit dans ce qu'il appelle le Tariq (c'est-à-dire les mémoires) de Temedt. Voici le récit de Lalia : « Mon affaire est très sérieuse. J'étais la seule esclave dans la famille de mon maître. Il n'y avait pas d'homme. Alors je faisais ce que je pouvais. Ma maîtresse était très chétive comme moi. Mais svelte et très belle. Je peux dire qu'elle est comme moi. Elle est bien avec moi. C'est son mari qui est méchant. Ce qui le rend méchant, ce sont surtout les nombreux hommes qui courtisent sa femme.

Mon histoire commença la nuit où mon maître me réveilla pour me demander d'accueillir un monsieur venu me rendre visite. J'ai compris qu'il avait demandé à un de ses parents de lui prêter son esclave mâle comme géniteur de son esclave femelle que je suis. Le monsieur s'assied à distance et m'adressa de douces paroles. Il m'a séduit par ses proverbes et ses paraboles.

Dans ma réplique, j'attirai son attention sur le fait que je suis certes esclave, mais pas une pute.
Il a fini par me convaincre que notre destin était entre nos mains. Il me démontra qu'il m'a toujours aimé et ne pouvait pas le manifester car son maître était très méchant. Malgré tout, je l'ai repoussé pendant six jours avant d'accepter ses avances.

Je me suis sentie femme. Je l'aimais très fortement. Il est beau et savait chanter. Tous les soirs, il me gratifiait d'une nouvelle chanson. Au cours des manifestations publiques, il chantait mes éloges à tel point qu'il rendit jalouses toutes les femmes du campement. Elles aimaient dire : Lalia est l'esclave la plus heureuse et même la femme la plus heureuse.
Finalement il m'a appris à chanter. La réputation de notre couple allait de contrée en contrée.
Finalement je tombai enceinte après deux ans de vie commune.

Mon maître finit par interdire à Aljou de me fréquenter au moment où je ne pouvais plus dissimuler la grossesse.
J'ai suggéré à Aljou la fuite. Il avait déjà préparé en cachette cette éventualité. Un ami chauffeur d'Aljou qui enregistre souvent ses chansons prépara le plan.

Il fixa le jour, l'heure et le lieu. C'est pour la première fois que je rentre dans un véhicule. J'ai beaucoup vomi. Nous sommes arrivés à Mopti dans la nuit. Le lendemain, nous nous sommes rendus à San. Et depuis ce jour-là, on vit sans problème et sans histoire. Nous sommes ici il y a 27 ans. J'ai 5 enfants dont deux filles et trois garçons. Je rappelle qu'à notre arrivée ici, un marabout a célébré notre mariage après mon accouchement. Je pense que j'ai tout dit ».

22. Bouya Ag Acharom

J'étais l'esclave d'Almahmoud, un marabout touareg des Kel Essouk. J'avoue qu'il était foncièrement méchant. Une de ses particularités était que malgré sa grande réputation et sa grande connaissance de la religion, il n'apprenait jamais le moindre verset du Coran à ses esclaves. Et le comble était que je passais tout le temps auprès de lui, mais il ne m'a jamais invité à la prière.

Un jour une génisse a disparu. On l'a cherché, sans succès. Nous sommes revenus lui et moi tardivement dans la nuit. Le lendemain il s'est réveillé très tôt. Il a dit en criant : « Dieu m'a montré mon voleur. » Il s'empara de moi alors que je dormais. Tout le monde accourut et mon maître cria : « il faut me dire là où tu as mis la génisse. » Chaque fois que je disais que je ne l'ai pas volée, cela déclenchait un tôlé de rires moqueurs.
Comme je continuais à nier, il demanda à l'assistance d'attacher mes mains et de me suspendre à un arbre, le torse nu. Il me fouetta de toutes ses forces. Après on coupa la corde. Je tombai à terre.

Quelques jours après cette mésaventure dont j'ai été victime, la génisse fut retrouvée dans un autre troupeau. Il voulut dissimuler son mensonge en disant qu'il y' avait eu une coïncidence avec un autre vol que j'aurais commis à la même période. Je me présentai devant lui en le regardant dans les yeux pour lui poser la question suivante: « Est-ce que devant Dieu je n'ai aucun droit ? ». Il répondit: « De par Dieu tu as le droit que je te donne. C'est Dieu qui a décidé que tu deviennes mon esclave et c'est tout ».

Je me suis éloigné avec la ferme intention de le quitter le même jour. Dans la nuit, j'ai pris le chemin de N'Gouma. Le lendemain, après plusieurs escales dans plusieurs villes et villages, j'arrivai à Bamako où j'ai fait le colporteur. Ensuite, j'ai ouvert une petite boutique qui prospère aujourd'hui.

Ceux qui se disent religieux sont plus cruels que les autres.

23. Moussa Kourba

Nous sommes considérés comme esclaves des Kountas. Mon père est décédé alors que j'étais très jeune. Aujourd'hui je suis marié et j'ai 30 ans. Je suis chez le maître de ma famille. Ma mère est une esclave fidèle à ses maîtres. Elle refuse de quitter la famille du maître. Je ne peux pas l'abandonner car je suis son seul et unique garçon. Je n'aime pas ma position d'esclave.

Je suis instruit. J'ai été à l'école coranique et j'ai aussi fréquenté l'école française. Je me débrouille. J'ai mon champ, des animaux et un petit magasin qui me sert de boutique. Ma mère peut être heureuse auprès de moi. Il existe un lien très fort entre elle et ses maîtres. Je ne crois pas à tout cela. Je n'ai rien à voir avec la famille du maître mais ma mère, elle, continue malgré tout à travailler pour le maître.

24. Marafa Amadou

Nous sommes chez les Kountas. Nous sommes leurs serviteurs. On cultive et on accompagne les animaux aux pâturages. Mais aussi on gère tout : le magasin de céréales et le troupeau. On mange les mêmes aliments que les maîtres. Cela s'explique par le grand métissage entre les Kountas et les Noirs qui sont souvent d'origine servile.

Nous sommes des frères. Souvent, lorsque nous voyageons avec l'un d'entre eux, on se considère comme esclaves pour lui donner plus de notoriété. Toutes les terres appartiennent aux maîtres. Le type de relations qui nous lient est tellement étroit qu'il est difficile de faire la différence entre maître et anciens esclaves.

25. Koumba Walet Ossad

Je suis esclave de Soudha. Il avait des amis fonctionnaires qui venaient constamment au campement. Il prenait les animaux de ses esclaves qu'il égorgeait pour ses nombreux visiteurs.

Un jour, le chef des gendarmes a décidé de passer la nuit dans le campement, ce qui n'était pas habituel. Cette nuit, mon maître me demanda de dire à Koumba (une de ses esclaves) de rejoindre son ami (le gendarme) qui était sous une moustiquaire. Ce qu'elle fit sans problème. La scène se répéta plusieurs fois jusqu'à ce que Koumba tombe enceinte.

Le chef des gendarmes dit à mon maître qu'il reconnaissait l'enfant mais ce dernier ne l'entendit pas de cette oreille. « Ce n'est pas ta femme, dit-il au gendarme, par conséquent l'enfant m'appartient parce que Koumba est mon esclave ».

Le gendarme n'était pas prêt d'accepter la décision du maître de Koumba. Il revint quelques jours plus tard, accompagné d'un marabout et avec une forte somme d'argent qu'il remit à notre maître. Le marabout célébra séance tenante le mariage et Koumba s'embarqua avec son mari dans une voiture.

Notre maître fut très affecté par le fait que quelqu'un de plus puissant que lui ait retiré son esclave de cette manière. Aussi, il ne supportait pas le fait que Koumba le narguait en revenant régulièrement au campement dans le véhicule de son mari, toujours accompagnée de deux gendarmes, pour rendre visite à sa vieille mère et aux autres esclaves du campement.
Tous les esclaves étaient fiers de Koumba. Elle apportait à tout le monde des cadeaux : des chaussures, des boubous, des couvertures, etc.

Au moment où son mari fut muté, elle voulut partir avec sa vieille mère ; ce que le maitre accepta malgré lui. Dans le campement, ce fut la désolation pour le maître et sa famille.

N'ayant plus le choix et voyant que Koumba peut toujours lui être utile, le maître adopta une position de père pour Koumba et lui rend visite dans la nouvelle localité où elle est installée avec son mari.

26. Abderrahmane

Mon père et mon grand-père n'ont pas connu l'esclavage. Je me suis marié à une jeune femme touareg en 1983. On n'a pas eu d'enfants. J'ai adopté beaucoup de ses cousins. On menait une vie tranquille jusqu'en 1994. Un jour elle se présenta devant moi en me disant qu'elle comptait rejoindre ses parents et qu'elle demandait le divorce. J'ai essayé de la raisonner sans succès. J'ai finalement accepté. A la veille de son départ, elle a osé me dire sans se gêner qu'elle a perdu son temps avec un esclave et qu'elle allait répondre à l'appel de ses frères qui sont rentrés de Libye.

Cela a été terrible pour moi car ce fut une très grande déception. Elle m'a ainsi abandonné et ce n'est que dix ans après qu'elle est revenue, croyant que j'allais la reprendre. Je n'ai pas voulu la reprendre comme épouse, mais je lui donne des cadeaux chaque fois qu'elle me sollicite.

27. Malamine

Je suis l'esclave du Cheick de notre ville. Je suis même fier de l'être. Je suis conforté dans ma position car je vois ici les grands responsables nationaux de chez nous qui reviennent pour se mettre à son service.

Nous sommes des esclaves mais cela ne nous empêche pas de bénéficier des mêmes avantages que ceux qui sont des nobles et c'est pour cela que je trouve que cette question d'esclavage est un faux débat.

28. Sanou

Certains fuient le problème de l'esclavage comme la peste. C'est le cas de Sanou. Je n'ai jamais vu un homme comme celui-là. Bien qu'ayant bien réussi dans la vie, il est hanté par un complexe sans limite. Il a changé de patronyme et refuse de parler sa langue maternelle. Il a refusé de recevoir son propre petit frère chez lui.

Il couvre les griots de cadeaux pour que ceux-ci disent ses louanges sous un faux patronyme.
Il nia sa propre mère à laquelle il n'a pas rendu visite depuis plus de 20 ans.

29. Hamata

Je suis descendant d'esclave d'une ethnie maraboutique. Je n'ai pas connu directement l'esclavage mais j'ai vécu très tôt ses conséquences. Ma mère a fui ses maîtres pour se marier à mon père. Et comme ses maîtres tenaient à la ramener dans leur campement, elle a encore fui mon père, alors que j'étais un nourrisson.

Elle se rendit en Côte d'Ivoire où elle mourut sept ans après. Mon oncle me récupéra pour me ramener au Mali. J'ai côtoyé à distance l'esclavage. Après l'âge de vingt (20) ans je me suis marié à une nièce de ma mère qui a vécu chez les mêmes maîtres que ma mère.

Comme j'avais un troupeau je me suis installé seul non loin de Douentza. Les maîtres de ma femme nous fréquentaient. Au début ils avaient peur de moi car pour eux, j'avais le caractère des citadins. Après cinq ans de fréquentation, ils commençaient à se permettre des comportements insolites.

Une nuit, alors que je venais d'offrir un dîner somptueux à mes hôtes (ils étaient deux), le plus âgé s'est permis d'appeler ma femme. Lorsqu'elle s'approcha de lui, il lui demanda de lui masser les pieds. Je me suis mis dans tous les états et j'ai proféré des menaces à l'endroit de ce Monsieur. Je lui ai fait savoir qu'à la prochaine provocation de cette nature, il ne serait plus reçu chez moi.

30. Oumar Diara

Je suis ici à Bamako. Je gagne bien ma vie. Pour certains je suis riche. J'ai vu à Bamako une fille de mon village qui est étudiante. On s'est aimé follement mais quand son père s'en est rendu compte, il a piqué une grande colère car, pour lui, je suis un esclave qui ne peut contracter aucun lien avec sa fille noble.

Puisqu'il a les moyens, il a proféré toute sorte de menaces contre ma famille pour me dissuader d'être avec sa fille.

Ma mère avait peur pour moi, mais mon père m'encourageait car, il ne comprenait pas pourquoi un homme se sent supérieur à un autre.

Je me suis marié à la femme que j'aimais et qui m'aimait aussi. Son père a interdit à sa famille de participer au mariage.

31. Ahmed Ag Touta

Je suis un homme libre. Tout le monde le sait. Cependant certains ont pris la mauvaise habitude de considérer notre groupe ethnique comme servile. Une jeune fille touareg m'a beaucoup aimé. Elle a fini par me dire de la demander en mariage à son père.

Comme son père est intellectuel, nous pensions vraiment qu'il allait comprendre, mais ce ne fut pas le cas.

Comme il soupçonnait sa fille de m'aimer, alors il l'a mise en garde en ces termes : « Il faut que cette affaire soit étouffée. Je ne veux pas en entendre parler ». Entre temps, il préparait le mariage de sa fille avec le commandant de cercle de la localité.

32. Tinasmane Walet Alhassane

Je m'appelle Tinasmane Walet Alhassane, mon père s'appelle Alhassane Ag Indardorane et ma mère Tatikwal Yattara. Je n'ai reçu aucune instruction dans aucune langue. Mes parents sont originaires de Gao. Nous sommes de la localité de Tabissilamint et nous nous occupons de conduire les animaux au pâturage et de faire les travaux ménagers de nos maîtres. Je ne dispose d'aucun bien personnel. Je suis esclave parce que mes parents le sont. Actuellement, j'habite en ville. J'ai trois enfants issus d'un mariage forcé parce que mon mari est le choix de mon maître. Lors de mon mariage, je n'ai eu d'autre choix que d'accepter les vœux de mon maître. Mes enfants sont automatiquement donnés en héritage aux enfants du maître et à ses parents. Aucun de mes trois enfants ne fréquente l'école. D'ailleurs, ils ne sont pas venus au monde pour être à l'école mais, plutôt, pour servir leur maître.

La différence entre moi et les autres personnes d'origine noble en ville est qu'ils sont libres et n'ont aucune contrainte. Ils ont le droit d'hériter quelque chose de leurs parents qui ont travaillé depuis des générations à leur compte. Mes ancêtres et leurs parents ont passé tout leur temps au service de leurs maîtres. Ils n'ont pas le droit de posséder des moyens pour subvenir à leurs propres besoins car eux-mêmes sont considérés comme des objets.

Au moment où je vous parle, je ne dispose d'aucun moyen pour me prendre en charge car j'ai passé toutes les années de mon existence au service de mon maître. Tout ceci fait que je ne connais rien, je ne sais rien faire que de conduire les animaux au pâturage, ou faire les travaux ménagers. Ici en ville, je suis confuse puisque les travaux que je sais faire en brousse n'existent pas ici et, du coup, je ne parviens pas à m'en sortir.

Mon souhait est d'avoir des animaux, de l'argent et une maison. Cela va me permettre d'être libre comme les gens de la ville. Je sais que dans les campements, beaucoup de gens sont des esclaves mais je ne connais pas leur maître.

33. Takonit Walet Ekawel

Mon nom est Takonit Walet Ekawel. Mon père est Ekawel Ag Elamdaguiche et ma mère Tachkout Walet Warhas Iklene. Je suis de Tinfadimata dans la région de Gao. Je ne connais personne de ma famille en dehors de ma mère, mon père et mes frères. Je connais aussi les proches de notre maître. Chez notre maître, mes parents conduisent les animaux au pâturage et font les travaux domestiques. Une fois chez le maître, le droit de posséder des biens n'existe pas car l'esclave en personne est considéré comme un bien.

Il travaille sans salaire. Même lorsqu'il ne réside pas chez le maître, le fruit des activités qu'il mène appartient au maître. Mon statut d'esclave est dû au fait que mes parents sont des esclaves, donc, je le deviens automatiquement. Je suis sédentaire à présent. J'ai deux enfants non scolarisés dont un est avec moi et m'aide à faire les travaux de notre maître. L'autre est en exode, à la recherche de moyens pour subvenir aux besoins de notre maître.

Chaque fois notre maître va lui rendre visite dans la ville où il est installé, il lui remet une grande partie de l'argent qu'il a pu économiser. Les esclaves sont tellement soumis qu'ils ne peuvent pas broncher et ne savent à qui se confier. Les mariages entre esclaves ne se font pas par amour mais par contrainte, aux fins de produire des esclaves pour perpétuer l'esclavage. C'est d'ailleurs mon cas, j'ai été contrainte par le maître.

J'ai vraiment besoin de vivre libre avec des moyens qui me sont propres sans aucune contrainte. Il y a deux choses qui me retiennent ici : la peur, par ce que je ne connais personne à qui me confier en cas de représailles sur mes parents et la seconde c'est la pauvreté qui me guette car mes parents et moi n'avons rien et ne savons rien faire comme travail, à part servir nos maîtres. Je ne sais même pas où aller si je partais d'ici.

34. Fadimata Walet Erzaghi

Je suis Fadimata Walet Erzaghi, originaire de Talatayt dans le cercle d'Ansongo. Fille de Erzaghi Ag Alghilass et de Tamma Walet Koudachane. Mes parents résident chez leur maître à Intadayne. Mes parents sont des cultivateurs. Au moment de la récolte, nos maîtres viennent en visite chez nous pour prendre leur part de récolte. Au cours de l'année, ils nous surveillent parce qu'ils prétendent avoir leur part de tout ce que nous réalisons. Nous nous occupons aussi de leurs animaux. Nous ne pouvons rien leur refuser car, si c'était le cas, ils ont pouvoir de vie et de mort sur nous. Et personne ne peut nous protéger, s'ils s'acharnaient sur nous. J'ai un seul enfant qui est âgé et qui se trouve à Ménaka. Ma différence d'avec les autres est qu'ils possèdent des biens que moi je n'ai pas. Je désire avoir de l'argent pour me procurer des animaux, vivre comme les autres et avoir un toit.

35. Alhassane Ag Kotaye

Je m'appelle Alhassane Ag Kotaye, fils de Kotaye Ag Alhassane et de Tawelant Walet Awitanat. Je n'ai pas été à l'école. Mes parents viennent de Tabisalamint. Je suis marié et père de quatre enfants dont deux sont scolarisés et les deux autres sont en exode. J'ai fui mon maître depuis mon jeune âge. Une fois en ville, j'ai fait le manœuvre et le docker pour avoir de l'argent afin de me marier. Mes enfants sont issus d'un mariage voulu et accepté par nos deux familles (celle de mon épouse et la mienne).

Mes parents pratiquent l'agriculture, l'élevage et font aussi les travaux ménagers pour leurs maîtres. Les champs que nous cultivons appartiennent aux maîtres. Une fois le moment des récoltes venu, les maîtres viennent tout prendre en laissant une petite partie aux esclaves. Pendant la période des récoltes de fonio aussi, les maîtres sillonnent toutes les zones où se trouvent leurs esclaves pour prendre leur part de fonio. Je ne suis pas fier du statut d'esclave, parce qu'il reste collé à la personne et à sa descendance durant toute leur existence.

Je suis esclave parce que mes parents le sont. Je veux avoir les moyens pour bien vivre comme les autres.

36. Akli Ag Awinane

Je suis Akli Ag Awinane, je ne connais pas mon âge mais je crois avoir entre 53 et 55 ans. Je ne connais pas mon âge car les esclaves ne sont jamais recensés. Mes parents sont de la zone d'Infoukaretane dans le cercle de Ménaka. Mon père est manœuvre et il conduit aussi les animaux au pâturage pour notre maître. Ma mère s'occupe de travaux ménagers de son maître. Je suis esclave comme mes parents. Mes parents se déplacent avec le campement de leur maître. J'ai quatre enfants mais aucun d'eux n'est scolarisé. Eux aussi sont esclaves selon la tradition. Ils font tous les travaux de notre maître et je n'ai pas les moyens de les entretenir ni de les envoyer à l'école car, en plus, la situation d'esclavage ne permet pas d'avoir les moyens ni des biens.

Pour le moment, je veux d'abord être libre et ensuite je souhaite pratiquer l'élevage si j'ai les moyens de m'acheter des animaux. Cela me permettra d'avoir de quoi vivre et entretenir mes enfants. Je ne suis pas avec mes parents car j'ai fui pour m'installer en ville. Mes parents eux, sont toujours avec leur maître.

37. Aljimit Walet Attaher

Je m'appelle Aljimit Walet Attaher, mais mon nom d'esclave est Tifrad. Mon père s'appelle Attaher Ag Idwali et ma mère est Talewat Walet Abaye, originaires du Niger. J'ai quatre frères dont deux se sont enfuis de chez leur maître et les deux autres sont encore sous le joug de leur maître à Talatayt, dans le cercle d'Ansongo. Mes parents et mes frères conduisent les animaux et font les travaux domestiques chez leur maître. Je n'ai pas d'enfant.

Il me manque les moyens pour faire du commerce et subvenir à mes besoins. A défaut du commerce, je pourrais faire l'élevage de petits ruminants. En ce moment, je commence à savoir ce que c'est la liberté. J'ai cependant toujours peur que notre maître ou ses proches ne viennent me chercher, me ramener au campement pour me faire subir le même traitement que mes parents qui sont chez lui. Je n'ai personne à qui me confier et c'est un statut qui ne finit jamais.

38. Fadimata Walet Attaher

Mon nom est Fadimata Walet Attaher, fille d'Attaher Ag Zinguitiya et de Takassoft Walet Ablil. Mes parents viennent du Niger, mais sont installés à Ménaka. Ils font souvent la navette entre Ménaka et le Niger, en fonction des déplacements du campement de leur maître. Ils ne savent rien faire d'autre que de conduire les animaux et faire les travaux ménagers. J'ai trois enfants qui sont mariés mais qui ne sont jamais allés à l'école à cause du statut d'esclave. Mes enfants sont au service de notre maître. Tout ce qu'ils ont et font appartient à notre maître. Quand ils seront grands, ils vont subir le même sort que moi et mes parents.

En ce moment, j'aimerais bien vivre comme les autres mais les moyens me manquent. Je souhaite avoir du bétail pour me permettre d'avoir les moyens de vivre décemment. J'ai un frère qui est chez son maître Hammou Ag Mahamad à Talatayt. Mes frères qui sont au campement avec notre maître n'ont même pas le temps pour construire leur propre vie à cause de leur statut d'esclave et des multiples sévices auxquels ils sont soumis.

39. Tidwal Walet Attaher

Je suis Tidwal Walet Attaher. Je ne connais pas mon âge. Mon père se nomme Attaher Ag Idwali et ma mère Talewat Walet Abaye. Mes parents sont nigériens, mais, suite aux différentes sècheresses, certains sont venus au Mali et précisément à Ménaka et d'autres à Talatayt dans le cercle d'Ansongo. Je suis mère de quatre enfants dont un seul est scolarisé. Je me considère libre en ce moment car je suis en ville. Je suis pauvre et c'est ce qui m'empêche de vivre comme les autres. Autrement, je ne vois pas de différence entre eux et moi, à part que je suis fille d'esclave.

En matière d'esclavage, le statut est d'origine maternelle donc tous les enfants que je mets au monde seront tous des esclaves de mon maître, quel que soit leur père. Car c'est mon maître qui décide avec qui je vais me marier, la dot de mariage lui appartient de droit car je suis son bien.

J'aimerais bien posséder quelques têtes de bétail pour les élever et pouvoir en vivre. Ici, je ne compte sur personne pour l'empêcher de me ramener au campement. Je ne souhaiterais jamais retourner au campement car les conditions de vie et le statut d'esclave sont durs.

40. Tibilal Walet Attaher

Je m'appelle Tibilal Walet Attaher, fille de Attaher Ag Zinguitiya et de Takassoft Walet Abaye, originaires du Niger mais actuellement à Tabissilamint dans le cercle de Ménaka. Mes parents sont éleveurs. J'ai neuf enfants, tous non scolarisés. Ma situation d'esclave découle du fait que mes parents sont esclaves. Je n'ai pas les moyens pour la prise en charge de ma famille. Je fais des petits boulots de docker et de charretier, mais qui me rapportent très peu pour couvrir mes besoins. Je peux faire du petit commerce, mais les moyens me manquent pour le démarrer.

Je souffre beaucoup en ce moment pour mes parents et mes frères qui sont chez le maître et qui vivent dans des conditions déplorables. Ils ont consacré toute leur vie à servir leur maître et leurs enfants subiront le même sort. Je souhaite qu'ils soient comme moi qui savoure la liberté ici en ville. Malgré les souffrances de la ville, je travaille pour mon compte et non pour celui du maître. C'est bon d'être libre ! Quel que soit le degré de liberté, un jour quelqu'un va te rappeler que tu es descendant d'esclave. Cela fait très mal, mais il faut vivre avec.

41. Hassey Sinayoko (ancien propriétaire d'esclaves)

« Moi personnellement, j'ai possédé des esclaves et ce jusqu'à maintenant. Je les ai hérités de ma grand-mère (la mère de mon père). Ce sont les descendants des esclaves de ma grand-mère. Bien que je ne réside pas à Djenné, les descendants de la servante de ma grand-mère viennent me rendre visite jusqu'ici à Konna. Chaque année, j'en reçois un contingent chez moi ici (hommes et femmes). Ils sont tous issus de la servante de ma grand-mère. Quand ils débarquent chez moi ici à Konna, les rapports sont très clairs : ils se savent esclaves et moi je me sens leur maître et en même temps leur propriétaire et leur protecteur, même si nous ne résidons pas ensemble dans la même localité. Ils respectent beaucoup les liens qui nous unissent. Ils font tout pour mes femmes et pour moi ici : travail domestique (cuisine, vaisselle, linge) et toute autre activité y afférente. En revanche, je les respecte dans l'exercice de leur statut d'esclave, statut défini et caractérisé par leur comportement fait d'une certaine impudeur dans les faits et gestes quotidiens : injures, trop peu regardants sur la moralité, basse besogne, etc.

Une année, un de mes esclaves a coïncidé avec le mariage de ma propre fille ici à Konna. Il s'en est bien réjoui car, c'est en de telles occasions qu'un esclave peut faire montre de son utilité. Quand le cortège, se rendait dans la belle famille (la famille du mari), c'est lui qui portait sur sa tête la malle qui contenait les affaires de la mariée. Ce genre de prestation est exclusivement réservé aux esclaves dans notre zone ici. Tout le monde le sait. Cet esclave n'a pas dissimulé son statut social, il en était d'ailleurs fier. Après la cérémonie, il a reçu beaucoup de cadeaux.

Ce type d'esclavage ne disparaîtra jamais dans notre société, malgré les vicissitudes du temps. Moi, je ne peux pas les affranchir car je les ai hérités de mes parents, un héritage est sacré. Ces esclaves eux-mêmes ont accepté leurs conditions qui leur sont presque congénitales. Je suis descendant du propriétaire de leur ascendante. Ni eux, ni moi ne pouvons rien y changer ».

42. Amadou Tamboura,

Né à Douentza, Amadou est très fier de ses origines a priori *Rimaybè* dont lui-même a une conception toute particulière. Selon ce sujet visiblement compétent sur toutes les questions, personne-ressource par excellence, la sensibilité de la question de l'esclavage est fonction des lieux et des références dominantes.

« L'esclavage a effectivement existé à Douentza et la preuve c'est que jusqu'à présent, il y a d'anciens esclaves et d'anciens propriétaires qui s'en réclament.

Parlant de l'esclavage, je dirai qu'il y a, d'une manière générale un certain nombre de cas de figures comme par exemple le cas des personnes asservies avant l'arrivée de l'islam dans notre pays par le biais des razzias.

De nos jours, au sens large du terme, on ne peut pas soutenir que l'esclavage existe chez nous ici. C'est vrai, il y a certaines pratiques qui font penser au phénomène, mais elles sont d'une dimension très réduite. Certaines personnes reconnaissent être l'esclave de telle ou telle famille ; mais elles ne se mettent pas à leur service car les choses ont changé. Dans la localité de N'Gouma par contre, toujours dans le cercle de Douentza, il y a des résidus de la pratique esclavagiste. Là-bas, les esclaves sont très fiers de leur statut et travaillent encore durement dans les champs de leurs propriétaires ».

Dans toute la zone, puisque la condition d'esclavage n'existe plus, les anciens esclaves n'ont pas de problèmes majeurs quant à leur accès à la terre. Mais il existe quand même des propriétaires terriens surtout Peul, possesseurs des meilleures terres cultivables et habitables depuis des lustres, qui peuvent soit louer, soit vendre des parcelles. Dans les deux cas, l'esclave apporte toujours une part de sa récolte au propriétaire en guise de récompense ou de reconnaissance. Mais de nos jours, en aucune manière il ne peut être refusé à une personne l'accès à la terre sous prétexte qu'elle est esclave.

43. Hawa Walet Zeda Ag Aljoumat

Hawa a été esclave toute sa vie durant, jusqu'aux années 1970. Elle est née d'un père et d'une mère esclaves. Elle avait les mêmes maîtres que son mari et leurs enfants vivaient avec eux sous le toit de leurs maîtres, les marabouts Kel Hounan.

« L'esclavage est une étape dure dans la vie d'un Tamasheq noir. Nous n'étions pas libres de nous marier et de faire marier nos enfants. Mon mari s'occupait des troupeaux de nos maîtres et moi je faisais les travaux domestiques : puiser de l'eau et la transporter à dos d'ânes, préparer le repas et le servir ainsi que faire le lit de mes maîtres. Je n'ai jamais été frappée, mais ils insultaient souvent mon mari et mes enfants lorsqu'ils faisaient un mauvais travail. Nous ne mangions pas ensemble, mais nous avions le même menu. Nous avons vécu ainsi pendant des années.

En 1973, notre maître est tombé gravement malade. Un jour, il convoqua tous les esclaves de la fraction à son chevet, pour nous dire ceci : ''A partir d'aujourd'hui, je n'ai plus d'esclaves et je demande pardon à vous tous''. Quelques jours plus tard, il décéda. La même année, nous avons quitté le campement pour Inajatafane où nous avons trouvé Waradima Mahinha et quelques familles. Le lieu était propice à l'élevage et on avait assez d'animaux. C'est ainsi que notre captivité prit fin. En ce qui concerne mes enfants, ils sont libres ici, ils partent travailler au village le jour et pour cela, ils sont rémunérés. Ils reviennent passer la nuit chez moi.

Aujourd'hui, je peux vous dire que l'esclavage continue à exister ici. A Aiss, Idamane, Garbel, Timalwagin, Tintihidrène, Soudan Ezad Dimane, Houbaba et Marmar, les « Blancs » vivent en solidarité avec les Noirs. Par contre, les Imrad sont encore méchants envers leurs esclaves. Ils affirment qu'ils les ont hérités de leurs parents. Mais il faut reconnaître que la pratique tend à disparaître avec l'exode de nos enfants. Elle n'existe pas avec la même ampleur dans toutes les fractions.

Ici à Inadjatafane, les Noirs sont les plus nombreux, mais sur le plan politique leurs voix ne comptent pas pour les « Blancs » (Arabes et Tamasheq). Ils (les Noirs) n'ont pas confiance en eux-mêmes car la majorité est trompée par les « Blancs ». Depuis la démocratisation, aucun Noir n'a osé se présenter au poste de Maire. Les listes sont faites par les « Blancs » et au moment de leur publication, ils disent aux Noirs que leur candidature a échoué. Nous avons onze conseillers ici et durant les deux mandats il n'y a eu aucun Noir parmi eux.

A Banzena (une mare), il nous a été rapporté que les « Blancs » continuent à se saisir des ânes de leurs esclaves noirs pour les vendre à l'extérieur. En 2001, un Targui du clan de Tinhabou a enlevé les animaux d'un Noir de la fraction des Kel Ehane Satafane et le problème est allé à Tombouctou. Voilà la situation à Inajatafane ».

44. Wari Adima Mahinha

Wari Adima Mahinha est issu de la fraction des Acotafe-Bissy et il est le premier occupant d'Inajatafane. Il a quitté Rharous pour venir s'installer à Inajatafane pour cause de sécheresse. Il ne gagnait rien avec ses maîtres qu'il quitta parce que l'esclavage était aboli.

« Je suis arrivé ici en 1973, il n'y avait que ma famille, les lions et les éléphants. Ma jeunesse a été très dure. J'ai vécu esclave jusque vers les années 70. Aux environs de Rharous où je vivais avec mes maîtres. La sécheresse a tout « gâté » - les champs et les animaux. Les maîtres aussi bien que les esclaves ont été ruinés.

Mes maîtres étaient des Acotafe. Je vivais chez mes maîtres avec mes parents qui étaient esclaves. Nous n'étions pas libres de posséder un bien quel qu'il soit. Tout dans notre fraction appartenait aux maîtres qu'on désignait par « Messeich » qui signifiait mon détenteur. Lorsque mon père est devenu vieux, j'ai commencé à le remplacer pour garder les animaux et faire d'autres travaux domestiques (chercher l'eau et le bois de chauffe). Je n'avais pas le droit d'aller à l'école coranique qui était réservée aux enfants des maîtres. La prière n'était pas une obligation pour les esclaves de ma fraction. Les maîtres disaient souvent que les bénéfices de nos prières allaient à eux.

De nos jours à Inadjatafane certaines fractions vivent ensemble dans le même campement avec leurs esclaves. Il s'agit des Acotafe-Moto, les Osca, les Casei Casei, les Ould Mouloud (Arabes), les Kel Tanakissou. Dans ces campements, les formes d'esclavage sont voilées. Les maîtres encouragent leurs esclaves avec de petits cadeaux. Ils ne les insultent ni les frappent. Par contre, les esclaves d'autres fractions sont encore assez mal traités. Ces esclaves ne connaissent pas de répit, n'ont pas de repos et sont exposés au vent, à la pluie et au soleil dans les pâturages avec les animaux. Les femmes quant à elles, vont au puits à n' importe quelle heure, pilent le mil, s'occupent des enfants de leurs maîtresses qu'elles portent à califourchon.

Ceux-ci ne doivent pas pleurer et même s'ils pleurent, elles sont tenues de les consoler.

Je peux témoigner qu'à Inajatafane, certaines fractions considèrent encore leurs esclaves comme leur héritage, un bien dont ils peuvent librement disposer. Parmi ces fractions nous avons surtout les Imrad. En ce qui concerne ma personne, mes enfants et moi, je peux dire que nous sommes libres depuis notre arrivée ici ».

45. Aljoumat Ag Bilal

« Les maîtres de mon père me donnèrent à leur fille qui venait de se marier. Elle m'amena avec elle, alors que j'étais encore très jeune, dans le campement de son mari. Je pilais et exécutais les petits travaux domestiques. A l'adolescence, j'amenais les animaux, les petits ruminants en brousse, je les traitais en cas de maladies. Je n'étais pas payé pour tous ces travaux, mais mon maître ne me frappait pas.

J'ai quitté mes maîtres peu avant l'indépendance (1960). J'étais fatigué de les servir, je ne voulais surtout pas que mes enfants aient le même sort que moi. J'étais vraiment à l'aise, mais je voulais les quitter. Chez nos maîtres, cela était possible à condition que l'on s'engage à payer l'impôt. Je leur versais cet impôt régulièrement jusqu'en 1986. Cette année a retenu mon attention car ils sont venus me réclamer leur dû pendant que j'étais très malade. Comment peut-on demander à un vieillard malade de payer l'impôt ? J'ai alors demandé à mon maître d'attendre ma guérison pour m'exécuter. Quand je me suis remis de ma maladie, j'ai payé le maudit impôt. Ce fut la dernière fois, dans ma longue vie d'esclave, de payer l'impôt.

Je vis aujourd'hui avec mes petits enfants dans une pauvreté inouïe. A Abaraju, l'esclavage existe encore, mais il n'est plus le même. Il existe dans les esprits de certains qui continuent à nous considérer comme une race inférieure. Mais en brousse, les esclaves de certaines fractions continuent à vivre dans des conditions très difficiles. Mes enfants travaillent dur pour nourrir la famille. Quant à mes petits-fils, beaucoup ont eu la chance de fréquenter l'école et d'avoir un bon niveau d'instruction ».

46. Ag Al Kamissa

« Je porte ce nom parce que je suis né un jeudi. Dans le temps, c'était ainsi que l'on donnait les noms aux enfants surtout de condition esclave. Si la maman mettait au monde l'enfant sous un buisson en brousse ou à côté d'un puits, il prenait le nom de ce lieu.

Mes parents et mes frères ont subi l'esclavage, tout comme moi-même. Ma grand-mère vivait chez une « Blanche tamasheq ». Après la mort de celle-ci, fatiguée de la vie nomade, elle est venue s'installer ici à Tombouctou. Ma mère quant à elle, est restée avec nous. Mais chaque fois que l'un des fils ou l'une des filles de la maîtresse de ma maman se mariait, il ou elle venait prendre l'un d'entre nous.

La maîtresse de ma maman, avant de mourir avait donné en héritage des animaux à une de mes sœurs (six vaches et un bœuf). Mais ses oncles maternels se sont accaparés de ces animaux après son décès. Ma sœur les a donc quittés et elle est venue chez ma maman qui avait entre-temps quitté ses maîtres à cause des problèmes entre la fille de sa maîtresse et ses oncles. Ma mère a accueilli cette fille comme si elle était sa propre fille. Lorsqu'elle a eu un mari, elle a émis la volonté de nous amener, ma sœur et moi, avec elle. C'est ainsi que je suis parti à Douetjiré. J'avais quatre ou cinq ans.

Ma maîtresse me traitait comme son fils, mais son mari me frappait, il m'attachait souvent et me battait. Il m'envoyait paître ses animaux en brousse. J'étais vraiment maltraité par les frères du mari de ma ''mère'' [la Tamasheq rouge]. Souvent, il me menaçait de mort. Ma mère [la Rouge] me défendait. Elle a même décidé de divorcer si jamais il continuait à me traiter ainsi. De guerre lasse, elle organisa ma fuite en me payant un couteau, un silex et une superbe Soubou Oussou (étoffe noire). J'étais le seul Noir à porter ce genre d'habit. C'est ainsi que j'ai quitté mes maîtres pour Tombouctou. Ma mère (la *Rouge*) est morte cette année là (2008).

Mon père m'amena chez un de ses amis boucher comme apprenti. C'était un sonrhaï qui s'appelait Babel Kaya. Un après midi, pendant que je vendais de la viande au marché, une personne inconnue, un *Rouge* m'attrapa en criant que j'étais son esclave. C'était un peu avant l'indépendance. J'ai crié et les femmes sont venues en masse pour savoir ce qui se passait. Elles me reconnurent et elles alertèrent ma famille. Mon père est venu en courant et m'arracha des mains du *Rouge*. Celui-ci exigea qu'il paye l'impôt ou bien il m'amènerait avec lui.

Aussitôt arriva un policier (colonial). Il s'appelait Kenza. Il s'est adressé au *Rouge* en lui disant « Dégage ». Ils l'amenèrent au commissariat qui était à l'époque dirigé par Cheikou Touré. Celui-ci a giflé le *Rouge* et ils l'ont enfermé. Après l'indépendance, mon père a mené une campagne en 1962 pour ériger les captifs Imdidagan en fraction. Notre tribu les Imdidagan fut divisée en deux fractions : Dagabazanga I (les *Rouges*) et les Dagababazanga II (les Noirs).

Aujourd'hui, j'ai plusieurs enfants. Les plus âgés (Almouzer et Ishaka Alkamiss) sont à l'Université de Bamako. Ils n'ont pas connu l'esclavage et ils ne le connaîtront probablement pas. L'esclavage pur et dur n'existe plus à Abaraju. Mais les rouges qui y vivent pensent toujours que nous sommes leurs esclaves. Les Bellah travaillent souvent dans quelques familles, mais ils sont payés pour faire les travaux. Ils ont certes des problèmes pour émerger sur le plan politique, mais ils militent dans des partis politiques et sont souvent élus aux postes de responsabilité, du moins, ceux qui ont un certain niveau ».

47. Ikahit Ag Idouwal

J'ai vécu avec mon père et ma mère qui servaient les Touaregs. Mon père était esclave des Kel El Horma et ma mère appartenait au Kel Arma. Chacun vivait dans son campement avec ses maîtres. Quant à moi, je vivais avec ma mère. Mon père nous rendait visite quand il le pouvait. Au départ, je ne comprenais pas ce qui se passait, mais au fur et à mesure que je grandissais, je prenais conscience de la situation déplorable de mes parents. En fait je n'appartenais pas à mon père, mais bien aux maîtres de ma mère.

J'ai connu l'esclavage pur et dur auprès de ma mère. Très petit, j'aidais ma mère à exécuter les travaux domestiques, puiser l'eau, piler le mil, traire les moutons, etc. Quand je suis devenu grand, j'ai commencé à conduire les animaux en brousse. J'étais exposé aux intempéries. Ma vie se ramenait au travail sans rémunération. Il y avait dans le campement une école coranique, mais aucun Noir Bella ne la fréquentait. Notre vie dans les campements était terrible.

Les maîtres Kel Arma avaient droit de vie et de mort sur nous. Nous vivions comme des animaux. Il n'y avait pas de baptême pour les enfants esclaves, des noms nous étaient donnés par nos maîtres. Ils prenaient n'importe quel nom, souvent en fonction des lieux de naissance (puits, buisson). Un enfant esclave pouvait même prendre le nom du repas préféré de son maître, si sa naissance coïncidait avec la préparation de ce menu.

J'ai été témoin de la vente d'au moins deux personnes dans le marché de Kaga à Gourou faisant partie de l'ex-arrondissement central d'Agalal. Le premier se nommait Mama Ag Tidwal. Il a été troqué par ses maîtres touaregs contre quelques mesures de céréales. Le second s'appelait Ag Sagid, il a été lui aussi échangé contre des tissus et quelques pièces de monnaie. J'étais encore enfant, mais je m'en souviens très bien.

Lorsque les maîtres de ma mère sont morts, elle est restée au campement, peut-être à cause de moi ; elle était déjà vieille.

Puisque je leur appartenais, je devais continuer à travailler pour le compte des enfants du maître. J'ai continué à subir les mêmes peines qui se sont par la suite aggravées. Les fils de mon maître n'avaient aucun égard pour ma personne. Ils m'attachaient, me frappaient.

J'ai été tellement récalcitrant envers les fils du maître de ma mère qu'ils ont enlevé de force tout récemment (sous le régime de Moussa Traoré) l'enfant de mon demi-frère et la fille de ma petite sœur. Ils ont été vendus par mes maîtres à la Mecque. La fille en question a fait deux maternités à la Mecque. Le premier enfant étudie présentement et vit chez le directeur régional de l'agriculture à Tombouctou, Monsieur Mohamed Ibrahim, un Tamasheq apparenté à mes maîtres.

Finalement, j'ai laissé ma mère chez mes maîtres près de Gourou. C'est de cette façon que je suis sorti de l'esclavage. Je n'hésitais pas à affronter les esclavagistes. Quand ils apprenaient que je suis dans les parages, ils prenaient toujours des mesures de sécurité.

J'avais plusieurs femmes qui vivaient chacune avec leurs enfants et qui suivaient leurs maîtres dans leurs sempiternelles pérégrinations. Les enfants qui ont pu s'échapper de l'esclavage à la faveur de la pauvreté de leurs maîtres ou de l'indépendance en 1960, m'ont rejoint à Bellah Faradi où j'ai définitivement élu domicile.

48. Ousmane Ag Bouya

Je vis actuellement dans un village dogon du cercle Koro (région de Mopti). Je mène une vie heureuse avec mes cousins dogons. Cependant je suis traumatisé par le comportement d'un marabout qui dit être notre maître. Ce marabout est de l'autre côté de la frontière, au Burkina Faso. Il est entouré par certains de mes parents qui sont en réalité ses esclaves. Tout cela ne m'intimide pas, car je suis contre l'esclavage et je ne serai jamais l'esclave de quelqu'un. Ce qui me fait de la peine, c'est que chaque fois que l'un de nous se marie, la moitié de la dot lui revient de droit.

Quand je me suis marié, mes parents lui ont remis la moitié de la dot. Il y a quelques jours, pendant ce mois de Mars 2012, mon propre neveu s'est marié à ma propre fille. Tous mes parents m'ont contraint à lui remettre la moitié de la dot et, cela, je ne le supporte pas.

Je tiens à ce qu'il me restitue la moitié de la dot de ma fille qui lui a été remise. Je tiens à mettre fin à cette exploitation. De quel droit il reçoit nos dots et celles de nos enfants ? Je demande l'aide de tous. Le Burkina doit comprendre que ce Monsieur est un truand. Il est parti au Burkina pour mieux exploiter les pauvres gens qui continuent toujours à croire en ses pouvoirs mystiques mais qui ne sont que ruses et mensonges. Mes propres parents me combattent à cause de lui. Je ne baisserai pas les bras.

49. Inhatane

Mon oncle me raconta qu'il a fui son maître pour se retrouver sur le site actuel de notre village. Il a travaillé comme manœuvre chez des pêcheurs bozos. Pendant l'hivernage, les pêcheurs quittent la zone pour retourner dans leur village. Inhatane remarqua que la rive était libre et décida de s'y installer. Après quelques années, il accueillait d'autres esclaves qui ont décidé à leur tour de quitter leurs maîtres.

Le petit groupe décida de ne plus parler la langue tamasheq. Mon père aime bien raconter comment, à chaque fois qu'ils voyaient des semblables à leur maître s'approcher d'eux, ils criaient en prononçant des mots en langue songhaï. Et généralement ceux-ci s'éloignaient en disant : « ceux-ci ne sont pas des nôtres ».

Au fil du temps, ils créèrent leur propre patois qui leur permet de communiquer entre eux. C'est un mélange de tamasheq et de sonrhaï.

Mon père est mort au début des années 1980 et rares sont les personnes qui parlent la langue tamasheq dans notre village. Voilà comment, en une génération, d'anciens esclaves ont changé de langue pour s'épanouir.

50. Lada

Mes parents se sont séparés de leurs maîtres à l'indépendance pour créer notre village, Rida. De 1961 jusqu'en 1996, notre village menait une vie paisible. A la faveur du retour de la paix après la rébellion du début 1996, les anciens maîtres de nos parents ont eu comme site, notre village. Dès leur arrivée, ils voulurent renouer avec les anciennes mauvaises habitudes. Ils ont voulu nous approcher. Comme le dit un adage de chez nous, « lorsque tu craints qu'une bête ne te mange, n'accepte pas qu'elle te lèche le corps ». Cependant, on ne peut pas empêcher des Maliens de s'installer chez nous. Mais il n'y a rien qui nous lie. Il n'existe entre nous aucune relation sociale. On ne se fréquente pas pendant les événements sociaux : décès, mariages, baptêmes, etc.

Ils avaient leur chef. Nous avions le nôtre aussi. En 2010, à la faveur du renouvellement des conseils de village, avec la complicité du maire et du préfet de notre Cercle, ils nommèrent à notre insu le chef du groupe de touareg comme notre chef. Un administrateur corrompu venait de commettre l'une des plus graves fautes ; celui de vouloir réduire à l'esclavage plus de 800 citoyens de son pays, au profit d'un groupuscule d'une cinquantaine de personnes, a cause de la couleur de la peau.

Quelques semaines après le début de la rébellion, les mêmes Touaregs qui se disaient être nos prétendus maîtres, revinrent dans notre village lourdement armés pour chasser les 800 habitants en une seule journée. Tous les villageois ont quitté, laissant derrière eux tous leurs biens. Tous ces Touaregs se sont engagés dans la rébellion au sein du mouvement MNLA.

La mauvaise gouvernance de l'Etat est à la base des malheurs de notre peuple. Nous les Bellahs, communauté exclue et marginalisée du Mali, continuons toujours à souffrir du fait des dirigeants de ce pays. Nous exigeons réparation pour tous les préjudices subis, du fait de la complicité des autorités de notre pays avec ces Touaregs.

51. Timizwaq

Je m'appelle Timizwaq. Je n'ai pas connu mon père ; ma mère se nomme Timamat. Je suis née vers 1976 à Tassiriste ; mes maîtres sont de la *Fraction* Idoguiritane (commune de Menaka). Depuis ma naissance, j'étais avec ma mère esclave de Mr Adim Ag Kilitane. A l'âge d'environ cinq (5) ans, ma mère a pris la fuite pour me laisser entre les mains de Talhanta Walet Adim, une fille de son maître. Cette dernière décéda et après j'ai été remise à son frère Hama – Hama Ag Adim, mon maître actuel au service duquel je me trouve depuis quinze ans.

Je n'ai plus eu de nouvelles de ma mère depuis sa fuite et je ne sais d'où elle était venue et comment elle s'était retrouvée chez Adim Ag Kilitane. On m'a seulement dit que c'est son esclave. Aucune personne n'est jamais venue me dire qu'elle connait les parents de ma mère et je n'ai pas connu mon père aussi.

J'étais affectée à la conduite des animaux en brousse, leur abreuvement au puits, une vie totale de bergère. Je ne rentrais jamais au campement avant 19h00. Je n'ai jamais porté d'habits neufs, seulement les haillons jetés par ma maîtresse ou ses proches, ni possédé de chaussures excepté dans quelques rares cas. Ni la maladie, ni la grossesse ou l'allaitement ne pouvaient me dispenser de conduire les animaux au pâturage. Durant ma vie d'esclave, j'ai eu trois enfants (une fille, l'aînée et deux garçons) suite à des viols successifs par deux hommes différents.

Mes enfants :

- Tidounane Walet Aklinine : née en 2000 à Inbougaretane, ma fille ainée ; elle m'a été retirée par Hama-Hama à l'âge de quatre ans, c'est-à-dire en 2004, pour être donnée comme esclave à Monsieur El Haj Ag Adim, un de ses frères ;

- Ezagagh Ag Assimaqatt : né en 2005 à Inbougaretane, âgé d'à peine cinq ans, il a été mis au service du maître (Hama-Hama Ag Adim), à la maison pour les travaux domestiques.

- Bilal Ag Asimaqate : né vers 2009 à Tintoussane. Je le portai dans le dos pendant ma fuite pour recouvrer la liberté du 20 au 22 janvier 2010, en me rendant à Ménaka auprès de TEMEDT. Il faut signaler que le petit Bilal était toujours attaché à un pilier de la tente pendant toute la journée jusqu'à mon retour la nuit avec les animaux à 21 heures. Cette condition a aussi prévalu pour ses deux aînés quand ils avaient son âge. Dans la zone où vivait mon maître, il m'était interdit de rendre visite à des campements de Noirs, de peur que je ne sois sensibilisée à me révolter contre les traitements que je subissais.

Toutefois, je reconnais avoir été approchée par des gens d'ethnies différentes (Ichidenharen, des Daoussahacs de l'ethnie de mon maître, des Kel Talmen de Ménaka) pour me demander à plusieurs reprises de fuir la situation dans laquelle je me trouvais. Ce n'est que ce 20 janvier 2010, à la faveur d'un voyage du Maître pour la foire de Tinfadimata, après avoir réfléchi murement sur mes souffrances (violences physiques et morales permanentes), que j'ai décidé de fuir et quitter l'humiliation, en laissant derrière moi mon fils Ezagagh.

Je n'avais pas le choix car, je me suis enfuie à pied. Dans cette fuite, j'ai été aidée par Mr Assolah Ag Kouney, chez qui j'ai passé la nuit, un Daoussahac de la même *Fraction* que mon maître. C'est lui qui m'a indiqué où trouver Adima Ag Soudha à Inagar, dont la femme m'a donné un de ses complets à la place des haillons que je portais. Ces gens m'ont bien reçu, m'ont fait manger à ma faim et c'était la première fois de ma vie que je me sentais entourée d'affection. Malgré la peur d'être rattrapée par Hama-Hama, j'avais eu une pensée pour mon fils Ezagagh, que j'ai laissé chez le maître.

Monsieur Adima a fait venir une voiture de Ménaka qui m'a emmené jusqu'au domicile de Monsieur Ibrahim Ag Idbaltanat, responsable de TEMEDT. Après un bref entretien, il m'a dit qu'il allait m'envoyer chez Monsieur Ingatane Ag Bada. J'ai compris avec la réunion de TEMEDT à laquelle j'ai assisté que tous ces gens qui m'ont facilité la tâche sont des responsables de TEMEDT. Je les remercie énormément. Je remercie également Mr Assolah Ag Kouney qui a compati à ma douleur en m'indiquant la bonne direction, celle de Inagar, ce village Zambouroutene où j'ai goûté à l'affection, pour la première fois de ma vie.

52. Rhaïchoutou Walet Toucka

Rhaïchoutou a été récemment libérée de l'esclavage, le 06 Mai 2008, dans le Cercle de Ménaka avec l'assistance de TEMEDT.

« Je suis née en 1986 d'une union entre Toucka, mon père de la *Fraction* Tabahokamate de Gossi, Cercle de Gourma Rharous, venu en 1973 comme vendeur de tabac à Talataït (cercle d'Ansongo) et Tantikate, ma mère originaire de Talataït et esclave de Sagdoudene Ag Adime, un Daoussahac de la *Fraction* Karsassotane, Clan des Idounboutane.

En 1993, alors que j'étais âgée de sept ans, avec quatre autres frères dont une fille, notre benjamine, notre mère décéda et nous avons été repartis tout juste une semaine après le décès de la maman entre ses « héritiers » c'est-à-dire ses maîtres. Notre père, en tant que spectateur impuissant, avait assisté à cette scène où l'on scellait le sort de ses propres enfants. Suite à ce partage, j'étais devenue la propriété de Monsieur Sagdoudene et depuis je n'ai plus revu mon père, ni mes quatre autres frères qui eux, sont également avec d'autres maîtres, excepté l'aîné qui a pu fuir pour l'Algérie.

Après plusieurs années dans la servitude, j'ai été mariée de force, il y a trois ans, par mon maître à un Monsieur qui avait été récupéré à l'âge de deux ans des mains d'une femme inconnue quant à sa provenance ; elle errait car elle était handicapée mentale. Notre maître s'est dit qu'il fallait que Rhaïchatou ait une progéniture car ses fils et lui ont toujours besoin d'esclaves pour les différentes activités. Le Monsieur sans repère est bien indiqué comme géniteur.

Sagdoudene un jour lui dit « si tu creuses rapidement ce puisard je vais te donner Rhaïchoutou comme épouse » ; aussitôt dit, aussitôt fait. Mon avis importait peu, car un esclave n'a pas à donner son avis même sur sa propre vie, tout est laissé à la discrétion et à la volonté du maître. Ainsi, je devais vivre le reste de ma vie et peut être faire des enfants avec un homme que je n'ai pas choisi.

Voilà trois ans que Rhaïchoutou est épouse du Monsieur sans d'autre repère que Sagdoudene au service duquel les deux se trouvent comme esclaves. Malheureusement pour Sagdoudene le maître, ses deux esclaves n'arrivent pas encore à faire d'enfants. A cette question Rhaïchoutou répond : « est-ce qu'avec l'intensité des tâches quotidiennes, on pouvait même faire des enfants ? » Elle s'empressa d'ajouter « je vivais ces conditions que je trouvais normales, cela m'a été inculqué depuis ma tendre enfance, surtout que mon père même n'avait rien pu faire pour éviter qu'on soit esclaves, c'est vraiment la résignation totale ; en plus d'exploiter notre force, les maîtres nous ont inculqué la soumission dans nos esprits. On m'a toujours dit que la meilleure façon de craindre Dieu et d'obtenir le paradis pour moi est d'obéir à mon maître ».

Cette année, nous résidons à Intadjefte dans la commune de Tidarmene, Cercle de Menaka et là par hasard, j'ai entendu parler de TEMEDT, cette association qui lutte contre l'esclavage et la discrimination au Mali. Mon instinct de liberté me disait de saisir cette opportunité et mon éducation d'esclave me disait le contraire. Chaque soir, je passais les quelques instants de repos auxquels la force de la nature me donnait droit à réfléchir par rapport à mon sort. Dois-je rester dans cette situation pour le restant de mes jours ou prendre le risque de me rebeller contre un système que mes parents ont accepté et qui apparemment est normal pour toute la société de mon entourage ?

Après plusieurs nuits de réflexions intériorisées, j'ai enfin décidé de fuir et me rendre à Menaka auprès des responsables de cette association pour chercher refuge. Depuis, mon maître n'est pas venu me chercher et en ce moment je commence à savourer la liberté. Quand mon père a appris que je suis à Menaka, il a quitté Talataït pour venir me rendre visite ; il a passé avec moi trois jours en train de pleurer. Il voulait m'emmener avec lui mais j'ai refusé, par crainte d'être récupérée par Sagdoudene.

Ensuite ce fut le tour de mon mari forcé - Azayamor - qui voulait refaire le foyer. J'ai refusé car je ne l'ai jamais aimé. Il me proposa de faire une nouvelle cérémonie de mariage, cette fois la vraie mais je lui ai dit que cela n'est pas possible car son visage me rappelle toujours les conditions d'esclavage que j'ai quittées et que je souhaite ne plus jamais revivre.

J'ai déposé une plainte contre Sagdoudene à la justice de Paix à compétence étendue de Menaka pour qu'il paie pour 25 années d'exploitation de la fille mineure que j'étais quand il m'a séparée de ma maman et de la bonne à tout faire sans salaire que j'ai été pendant toutes ses années, en plus du mariage forcé dans lequel il m'a maintenue pendant trois ans.

Actuellement je vis dans la famille de Intamate Ag Inkadewane, un des responsables de TEMEDT à Menaka. Que Dieu l'assiste, lui et tous ceux qui ont contribué à ma libération. Je souhaite vivre jusqu'au moment où il me sera possible d'être ensemble avec mes autres petits frères encore détenus en esclavage dans un pays où il y a une justice au service de tous les hommes et femmes.

Pendant mes journées de lucidité et de libres réflexions, je me pose encore la question de savoir ce qui pousse un individu à traiter et exploiter son prochain comme un animal sans volonté et sans droit ».

Récit des nouvelles péripéties de la vie de Rhaïchoutou Walet Toucka :

Le jeudi 31 Juillet 2008, Monsieur Azayamor (l'homme à qui Rhaïchoutou avait été donnée de force en mariage, par son maître) se présente chez le Cadi de la ville de Menaka, Monsieur Sidahmade Ould Mohamed Mahmoud pour qu'il lui rende sa femme, à ses dires confisquée par TEMEDT à Menaka. Le Cadi, qui est aussi l'auxiliaire officiel de la justice à Menaka, a rendu sa sentence : « Ceux qui continuent d'abriter Rhaïchoutou sous leur toit, sont en train de pécher, ils sont tenus de rendre Rhaïchoutou à Azayamor. »

Immédiatement la Coordination locale TEMEDT du cercle de Menaka convoque une réunion à laquelle et Azayamor et Rhaïchoutou ont assisté et chacun est intervenu.

Azayamor confirme que c'est bel et bien les Daoussahacs, c'est à dire les maîtres de Rhaïchoutou, qui lui ont donné cette dernière comme épouse et, à ce titre, il la réclame. Rhaïchoutou réaffirme qu'elle n'a jamais voulu de cet homme, qu'elle lui a été donnée de force par ses maîtres et qu'à partir du moment où elle a fui l'esclavage, elle n'entend plus y retourner car, ayant goûté à la liberté maintenant, pour rien au monde, elle ne retournerait dans l'esclavage.

Malheureusement pour elle, en pleine ville de Menaka, le complot contre elle continue ; le recours est encore introuvable. Elle appelle toutes les personnes de bonne foi à venir à son secours afin de lui permettre de savourer la liberté comme tous les autres Maliens. Qu'a-t- elle fait pour mériter tant d'indifférence de la part de la société ? Le comble, c'est que Rhaïchoutou a déposé une plainte devant la Justice de Paix à Compétence Étendue de Menaka, il y a un mois, contre ses maîtres pour mariage forcé et détention en esclavage et attend toujours que justice lui soit rendue mais, hélas, rien encore !

Suite à la réunion de la coordination TEMEDT de Menaka, du vendredi 1er Août 2008, la totalité des membres du Bureau a décidé de se rendre le samedi 2 Août au domicile du Cadi pour qu'il les édifie sur ses motivations et arguments. Dans la journée du samedi, le Bureau local de TEMEDT de Menaka nous informa que le Cadi est revenu sur sa décision, indiquant n'avoir pas bien compris la portée de la situation. Rhaïchoutou est donc pour l'instant rassurée de ne pas être forcée par le Cadi de retourner avec Azaymor. Elle attend donc la suite que la justice du Mali, son pays, va réserver à sa plainte déposée contre ceux qui se permettent encore de violer en toute impunité les principes d'égalité et de justice garantis par les conventions internationales et notre constitution. Elle attend que le Mali lui démontre que l'esclavage est bel et bien aboli, en punissant ceux qui le pratiquent encore.

53. Iddar Ag Ogazid

Nous ne luttons pas seulement contre les séquelles de l'esclavage, mais aussi contre l'esclavage lui-même.

TEMEDT, en portant le débat au grand jour, constitue un espoir pour tous ceux qui vivent les conditions d'esclavage et ses conséquences sur la dignité et ses retombées psychologiques, économiques, sociales, politiques et culturelles. Nous ne pouvons pas libérer les esclaves sans avoir jamais gagner un procès. Nous avons organisé des formations et rassuré nos membres sur l'existence de lois qui les protègent. Cependant, des cas traînent toujours devant les tribunaux.

Nous vous livrons la déclaration d'Iddar Ag Ogazide, telle qu'elle a été déposée devant le procureur à Gao.

« Je m'appelle Iddar Ag Ogazide, né vers 1973 à Tinahamma, Cercle d'Ansongo, région de Gao. Mon père et ma mère ont divorcé alors qu'on était assez jeunes, mes frères et moi au nombre de sept (2 filles et 5 garçons). Notre sœur aînée a été mariée très tôt à un certain Alitny qui réside actuellement à Tigherissene, Commune de Djebok. Notre famille, du moins mes frères et moi sommes, par naissance, les esclaves de Monsieur Erzaghi Ag Baye, chef de la *Fraction* Imididagane et chef du site de Intakabarte dans la Commune de Anchawaj.

C'est notre mère qui a appartenu à Erzaghi et de ce fait il nous eu comme héritage à la mort de ma maman en 2000. Aucun de nous n'est jamais allé à l'école et on nous disait que notre nombre était pris en compte chaque année dans le patrimoine du maître pour le paiement de la dîme ou taxe religieuse annuelle sur le revenu, comme pour les autres biens que possède le maître. Nous avons toujours été au service de notre maître Erzaghi et de ses enfants et cela sans aucune forme de rémunération ; il n'en a jamais été question.

Trois de mes frères ont réussi à s'échapper : deux (2) sont partis à Famallé au Niger et le troisième est allé en Algérie.

Localement, les personnes d'origine servile considèrent Famallé du Niger comme une localité libératrice et la majorité de ceux qui fuient les conditions serviles s'y retrouvent. C'est ainsi que mon père y réside depuis longtemps, ce qui a facilité l'intégration de mes deux frères.

Nous vivons tous dans les conditions d'esclavage, mes frères et moi, mais aussi d'autres parents. Toutefois, m'occuper de mon cas est déjà très osé. Ma grande sœur qui se trouve à Djebok a été victime de l'enlèvement de sa petite fille âgée de trois ans par un des fils d'Erzaghi, il y a à peine cinq mois. Sa famille reste impuissante à trouver une solution.

Pour revenir à mon cas, à partir de 1998, Erzaghi a constaté que je commence à grandir, et de plus en plus à multiplier les contestations par rapport à certains abus, violences physiques, le peu de soins ou d'attention à mon égard malgré ma qualité d'homme à tout faire (berger, garçon de maison, corvée d'eau, la soumission tout court). Aussi, en grandissant, je me suis fait une copine du nom de Takawalate. Elle aussi, évidemment, était esclave d'un neveu d'Erzaghi qui s'appelait Attawaf Ag Assewetane. Erzaghi, mon maître, m'approcha un jour pour me dire de lui demander de me trouver une épouse et qu'il est temps que je fonde un foyer. J'ai refusé d'accéder à sa proposition.

Deux mois plus tard, on m'emmène Takawalate en tant qu'épouse sans jamais être associé ni de près ni de loin à une quelconque démarche de mariage religieux ou pas. J'ai laissé faire car de toutes les façons, il n'y a aucun choix possible pour moi, vu mon statut. Mes frères ne sont jamais venus nous voir. Ils évitent même d'arriver à Ansongo, craignant de rencontrer Erzaghi.

Depuis quatre ans, nos conditions d'existence deviennent de plus en plus insupportables car, en plus d'Erzaghi, ses deux fils Acheih et Zeynoudine ont chacun une famille et la charge repose sur moi et mes deux frères.

Un jour Acheih, malgré son jeune âge par rapport à moi, se permet de me frapper, prétextant que j'ai égaré ou détourné une partie du troupeau et cela en présence de son père qui faisait semblant de s'interposer entre nous pour éviter que nous n'en venions aux mains. Cette scène a duré à peu près une heure de temps. Une deuxième fois, revenant des pâturages le soir, j'ai trouvé qu'il n'y avait pas d'eau à boire. J'ai réprimandé mes frères qui ne s'étaient pas rendus à la mare, comptant toujours sur ma femme. Cela se passait en présence des deux enfants de mon maître Erzaghi : Acheih et Zaynoudene, car nous résidions tous dans le même hameau de pâturage.

Ils ont été offusqués par le fait que j'ai demandé à mes petits frères d'avoir un minimum de respect envers ma femme, en l'aidant à approvisionner la famille en eau. Acheih m'administra aussitôt trois gifles, sans aucune réaction de ma part. Devant sa persistance à vouloir continuer à me frapper, je me suis levé et il m'a suivi. Là, je lui ai donné un coup de bâton sur les fesses. Son frère prit un pilon et tenta de me donner successivement trois coups que je réussis à esquiver. Je lui dis en ce moment de douleur intense, d'une voix très sévère, que s'il ne cessait pas de m'agresser ainsi, je le tuerais. C'est en ce moment qu'il déposa le pilon et tous les deux frères cessèrent de s'attaquer à moi.

De mon « union » avec Takawalate naquirent quatre (4) garçons, le dernier est né le 27 février 2008 à Gao. Déjà, en 2007, mon fils aîné, âgé à l'époque de six ans avait été donné à un autre membre de la famille d'Erzaghi, résidant ailleurs. Devant nos plaintes, ma femme et moi, Erzaghi a fini par nous le ramener. En Décembre 2007, Erzaghi, en compagnie de Zeynabou Walet Assewatane, une nièce à lui, qui est aussi la propriétaire de ma femme, étaient venus à notre hameau de pâturage et y ont passé la nuit. Le matin, ils prirent Ahmed mon autre fils âgé de quatre ans pour le mettre ainsi au service de sa maîtresse à Tigherissene. Notre opposition, celle de ma femme et moi, n'a servi à rien car, à leurs yeux, ils ne font rien de mal en emportant leur petit esclave.

Devant l'impuissance face à tant de violences et d'humiliations, j'ai pris pour la première fois, la décision de m'éloigner à jamais de Erzaghi, quelques soient les conséquences. Ainsi, ma femme et moi avons arrêté un plan de fuite : trois jours avant le jour J, j'ai fait circulé l'information, en demandant l'assentiment de Acheih mon voisin de hameau, que je dois faire voyager ma femme pour qu'elle rende visite à ses parents près de Bara (dans le Cercle d'Ansongo).

Acheih s'est opposé mais je l'ai rassuré et convaincu que mon absence ne sera que pour une journée. Il m'a demandé de ne pas partir avec mon fils aîné. Selon lui « ses grands-parents risquent de lui inculquer de mauvais comportements ». En définitive il a cédé. Le jour de notre départ, à quelque chose malheur est bon, il était lui-même en bagarre avec sa femme à tel point qu'il n'a pas pu faire attention aux affaires qu'on prenait à l'occasion du faux congé de ma femme.

Arrivés chez mes beaux-parents, ceux-ci m'ont prié de poursuivre ma route et de chercher refuge ailleurs, par peur de représailles de la part de nos maîtres. Ils n'ont même pas accepté que leur fille qui était presque à terme (pour l'accouchement) reste avec eux, en attendant que je trouve un point de chute.

Ainsi, nous avons continué sur Ansongo où nous avons passé quatre nuits en train de réfléchir sur la destination à prendre : Gao ou le Niger. Nous avons pris conseil auprès des gens avertis sur la meilleure décision à prendre pour échapper à notre maître. C'est là que j'ai entendu brièvement parler de TEMEDT et il m'a été conseillé aussi d'aller à Gao et porter plainte devant la justice, et que, peut-être ainsi, une solution serait trouvée. J'ai alors envoyé ma femme et les enfants, en compagnie de sa mère, auprès d'un de ses cousins domicilié à Gao. J'ai vendu les deux ânes que nous possédions et ensuite, je les ai suivis.

Une fois à Gao, je me suis fait une carte d'identité nationale et j'ai adhéré à l'association TEMEDT. Mon maître, Erzaghi, nous a poursuivis en passant par le campement de mes beaux-parents, avant de venir me trouver à Gao. Là, il me menaça de me convoquer à la gendarmerie si je n'acceptais pas de retourner avec lui. Il m'a aussi promis que si je retournais, il allait me rendre mon fils. Quand il m'a quitté, j'ai été déclaré l'affaire à la gendarmerie qui me remit une convocation pour lui. Je n'ai pas pu le trouver car il est retourné en brousse et je ne pourrais jamais me permettre de le poursuivre avec une convocation jusqu'à Intakabarte.

J'ai attendu pendant deux semaines pour voir s'il ne reviendrait pas en ville. C'est après cela que je suis retourné à la gendarmerie pour leur dire que je n'ai pas trouvé Erzaghi. Ils m'ont verbalisé pour 2000 francs Cfa, à cause, selon eux, du fait que je ne suis pas vite revenu. Ils m'ont même dit qu'Erzaghi est passé les voir en compagnie du maire de Djebok dans le but de me convoquer à la justice et qu'ils l'en ont dissuadé. Ensuite, ils m'ont invité à écrire une plainte en payant 5000 francs Cfa. J'ai dit que je n'avais même pas un rond. Ils m'ont répondu que c'est la condition. Ainsi je demeure bloqué en ce moment par rapport à la recherche de mon fils Ahmed, peut être que Dieu m'aidera un jour ».

Grâce à la ténacité, au courage et à la persévérance de TEMEDT, Ahmed a été libéré en mars 2008. La plainte, déposée devant la justice à Gao, avait d'abord été classée sans suite et ensuite ressortie, mais toujours sans procès. Pendant ce temps, d'autres esclaves, parents d'Iddar, sont au service des « maîtres intouchables ».

54. Aboubacrine Ag Kamotane

A Tombouctou, la Mystérieuse, Ville sainte et visitée chaque année par des milliers de touristes du monde entier, la mission de TEMEDT a coïncidé avec le dépôt d'une plainte par le nommé Aboubakrine Ag Kamotane devant le Procureur de la République près le Tribunal de première instance de Tombouctou, libellée comme suit :

Monsieur le Procureur,

J'ai l'honneur de venir respectueusement auprès de vous, pour déposer une plainte contre Monsieur Afna Ag Ibrahim, de la *Fraction* Imghade Kel Séréré, élu municipal de la Commune de Hanzacoma, dans le Cercle de Rharous, pour réduction en esclavage, mise en servitude, enlèvement, trafic d'enfants et possession d'esclaves.

En effet, Monsieur le Procureur, je suis né et j'ai grandi chez Monsieur Afna qui nous a toujours inculqué, à moi et aux miens, que nous sommes des esclaves à lui, hérités de ses parents. Ainsi, j'ai eu à subir plusieurs violences physiques et morales de la part de ce maître dont les deux dernières sont :

En 2004, j'ai acquis pour la première fois de ma vie (j'ai 50 ans maintenant) deux brebis qui se sont multipliées pour arriver à quatorze bêtes en juin 2008. Cela a été perçu comme un affront par Monsieur Afna qui ne tolère pas que j'aie un statut de propriétaire de bétail. Il me fait violence physique à l'aide d'un bâton (en ce moment mes poignets comptent des os brisés suite à ses coups de bâton), avant de confisquer mes quatorze bêtes, arguant que je n'ai aucun droit de posséder quoi que ce soit.
Cette situation de brimade s'est prolongée par la répartition de mes enfants, mes sœurs, les enfants de mes sœurs entre les proches du maître et finalement le jeudi 5 février 2009, je me suis décidé à venir porter plainte et me séparer définitivement de Monsieur Afna.

L'autre violence ou humiliation est la suivante : j'ai une fille majeure et deux sœurs. Ces femmes ont été données chacune en mariage contre dot au profit de Afna, sans leur consentement ni le mien. Je précise que je suis l'aîné de la famille, nos parents ne sont plus en vie.

Monsieur le Président du Tribunal, depuis la déclaration universelle des Droits de l'Homme en 1948, l'esclavage et les autres pratiques assimilées ont été abolis sur toute la planète et au Mali en particulier. Cependant, cette pratique inhumaine continue d'être pratiquée par le sieur Afna Ag Ibrahim avec tous ses différents attributs.

En vertu des articles 29 - 32 du Code pénal malien, 133 - 240 - 241 - 242 - 243 - 244 de ce même Code, je viens par la présente, demander que justice me soit rendue. Que mes droits et ceux de ma famille soient protégés.

En guise de réparation, je demande que :

- Nos six (6) enfants mineurs détenus en esclavage par Afna nous soient restitués,
- Qu'une compensation matérielle pour trafic sexuel sur ma fille, mes sœurs et leurs filles soit faite,
- Que les quatorze (14) bêtes qui m'ont été retirées par Afna me soient restituées,
- Que les coups et blessures sur mon corps soient dédommagés,
- Que cinquante (50) ans de vie de berger sans salaire soient réparés.

En ce qui me concerne, j'estime que mon dédommagement s'élève à 114 ovins/caprins et 12 500 000 francs CFA, en plus des éléments cités ci-dessus.

Monsieur le Président du Tribunal,

Dans l'attente d'une suite favorable, veuillez agréer, l'expression de mes sincères sentiments.

Tombouctou, le 06 Février 2009
Le Plaignant :
Aboubakrine Ag KAMOTANE

NB : Après l'entretien avec la victime, la mission a rendu visite au Procureur Adjoint de la République et au Président du Tribunal de Tombouctou, en compagnie du plaignant. Tous les deux ont donné l'assurance que la procédure judiciaire engagée au nom d'Aboubakrine Ag Kamotane sera diligentée.

55. Nalewate à Bambara-Maoudé

Nalewate Walet Litni venait de perdre son père et sa mère en 1988 à l'âge de neuf (9) ans. Son oncle Zilly Ag Choukka la récupère chez lui comme l'exige la coutume.

Quelques temps après, Monsieur Hamadguissa Ag Khaharno, maître par ascendance de la famille de Zilly vient reprendre Nalewate, arguant que c'est son esclave, l'emmène et la met à son service.

En Novembre 2008, elle fuit les mauvais traitements et diverses humiliations de chez le maître, laissant derrière elle un petit garçon né hors mariage, pour venir se réfugier auprès d'Aboubakrine Ag Aljoumaghate, un conseiller du village de Koro, Bellah et parent proche. Quelques temps après, elle décide d'aller rendre visite à son oncle Zilly qu'elle n'a plus revu depuis son enlèvement. Hamadguissa ayant su que Nalewate a quitté Aboubakrine, la poursuit et la ramène chez lui, tout en pénalisant son oncle auquel un bélier et de petits matériels ont été retirés.

Les sieurs Zilla Ag Choukka et Aboubakrine Ag Aljoumaghate ont déposé une plainte au Tribunal de première instance de Rharous, le 26 décembre 2008 pour séquestration et détention de personnes en esclavage.

La mission du Bureau National de TEMEDT était arrivée le 07 février 2009 à Bambara-Maoudé où l'attendait Monsieur Aboubakrine, un des plaignants qui devait informer la mission sur l'évolution de l'affaire, notamment le niveau de l'enquête et la procédure judiciaire. En fait, l'affaire était au point de départ : le juge n'avait rien entamé depuis le dépôt de la plainte et Nalewate était toujours au service du maître.

Comme d'habitude, le cas n'est nullement une urgence. Avec l'appui du maire de la localité, la mission a rencontré un jeune marabout, le sieur Ahmed Ag Yehia, du même groupe ethnique que le maître de Nalewate. Un échange a été entamé avec lui sur les objectifs et la mission de TEMEDT. Il accepta de se joindre à la mission pour aller au campement du maître et libérer Nalewate et son fils.

La petite équipe composée désormais de quatre personnes se rend à 54 km de Bambara-Maoudé en pleine brousse, retrouver le campement de Hamadguissa qui était absent car il était avec sa femme qui suivait un traitement à Douentza (100 km de Tombouctou, mais dans la région de Mopti).

Nalewate avait été envoyée à 10km en charrette, et seule, pour ramasser le reste des bagages de la famille, laissés au site d'où le campement venait de déménager. C'est à cet endroit qu'elle a été retrouvée grâce au fils du maître qui nous servait de guide. Nous l'avions embarquée pour retourner directement à Bambara-Maoudé car, à ses dires, au niveau du campement, elle ne dispose d'autre bien qu'un collier. Son fils, qui est âgé de 8 ans, a été affecté à un autre maître dans un autre hameau de pâturage lointain.

La charrette et les deux ânes ont été remis au fils du maître pour les ramener au Campement. Monsieur Ahmed Ag Yehia s'était engagé à faire venir le fils de Nalewate qui s'appelle Niderfa et de le remettre à sa mère. A Bambara-Maoudé, l'arrivée de Nalewate a été saluée par tout le village, en particulier par le Sous-préfet et le Maire de la commune.

La mission TEMEDT a ensuite sincèrement remercié Monsieur Ahmed Ag Yehia auquel elle a offert de devenir un membre d'honneur de TEMEDT, tout en lui demandant d'user de son influence pour que Hamadguissa dédommage Nalewate et son fils car, il est de son devoir de leur donner de quoi vivre, même conformément aux prescriptions islamiques en pareil cas, ce qu'il a accepté. La mission lui a promis de s'investir pour demander à Aboubakrine de retirer sa plainte contre Hamadguissa au cas où Nalewate retrouve son fils et le dédommagement effectué. La mission donna à Nalewate 20 000 francs Cfa pour se payer quelques affaires et habits.

L'affaire Nalewate ne souffrait que d'un manque de volonté manifeste de la force publique à s'acquitter de sa mission de protection des personnes et des biens car visiblement, l'esclavage est une pratique normale aux yeux des autorités locales ; une petite équipe de civils volontaires a suffi pour réaliser ce qui paraissait compliqué au juge de Rharous auquel une plainte avait été adressée il y a un mois.

Il existe heureusement des bonnes volontés qui ne demandent qu'à être sollicitées pour offrir leurs services en faveur des bonnes causes. Il faut aussi souligner que Monsieur Hamadguissa le maître, s'est engagé à verser à Nalewate, un dédommagement d'un million de francs Cfa, sans pression aucune. En fait, il se sent coupable (pour preuve la procuration qu'il a délivrée avec légalisation à l'appui, par le Maire de Douentza afin de signifier son engagement à verser le million à Nalewate). Son crime pourrait bien être imputé au laxisme ou à l'irresponsabilité des représentants de l'État.

56. Le Cas de Tamtchi

Tatché, qu'Ahmed Iknane Ag Bakka considère comme étant son esclave, a réussi à récupérer son fils Tamtchi auprès de cet esclavagiste, après des efforts titanesques et une intervention des forces de sécurité et de l'administration de Ménaka en 2004.

Ce dernier n'a pas accepté que cette femme lui tienne tête en mobilisant toute une communauté pour la récupération de son fils. Il se rendit chez elle en fin d'année 2004. Après avoir infligé des maltraitances incluant quelques jours de travaux obligatoires à son mari, il le renvoya chercher Tamtchi (nom donné au petit esclave) qui était déjà mis en lieu sûr par sa maman. Ne voyant pas revenir « son petit esclave », Ahmed Iknane Ag Bakka, se rendit chez le frère de Tatché, Monsieur Ekadaye Ag Abdoulaye pour lui demander de trouver Tamtchi.

Ekadaye ne sachant pas où se trouvait son neveu, avoua au « maître » son incapacité à l'aider. Ag Bakka sortit alors son fusil et lui tira une balle dans la jambe (le 28 décembre 2004). « Tu te souviendras, lui dit-il, que les esclaves resteront la propriété de leur maître jusqu'à la fin des temps ». Gravement blessé, il est transporté à Ménaka pour être ensuite évacué d'urgence sur l'hôpital régional de Gao. Point besoin de vous décrire la scène et la douleur insupportable qu'a souffert Ekadaye ! Suite à l'amputation de sa jambe après de multiples traitements infructueux, il succombe à sa blessure le 21 janvier 2005 à l'Hôpital régional de Gao.

Le médecin, Dr Dounankè Diarra, a marqué : « *septicémie* », comme cause du décès sur le certificat.

Une plainte a été déposée depuis le début de l'affaire à la Gendarmerie et à la justice de Ménaka. La plaignante, Mme Tatché, sœur du défunt, réclame justice mais reste encore sans réponse.

57. Mamou Ag Tamou

Agé de trois ans, ce garçon a été enlevé le 04 septembre 2007 par Hamed Lamine Ag Alwafi qui prétend être son maître. Sa maman, Taklit Walet Malick, est encore sous le choc, elle ne s'alimente plus. Il est facile d'imaginer sa douleur après l'enlèvement de son fils Moumou Ag Tamou qui était avec sa grand-mère.

Les noms des parents suffisent pour vous indiquer leur statut d'esclaves (Tamou et Taklit signifient esclave respectivement en daoussahack et en tamasheq). Le statut d'esclave s'acquiert par la mère. Ce sont les enfants de la femme esclave qui sont esclaves ! Et cela explique pourquoi Hamed Lamine a enlevé l'enfant Mamou à sa grand-mère dans la ville de Kidal, au quartier Aliou-Tazarghaft aux environs de 09H00, ce mardi 04 septembre 2007. Hamed Lamine est en nomadisme dans le secteur de Izdjarate, Talataït, dans le cercle d'Ansongo.

Quand Monsieur Ezaggagh Ag Malick, oncle de l'enfant et maçon à Kidal en fut informé, il se rendit immédiatement à la gendarmerie, le 06 septembre 2007 pour faire une déclaration d'enlèvement sur conseil des responsables de TEMEDT de Kidal. Les gendarmes lui ont conseillé de continuer les recherches et de venir leur faire un compte rendu. A la police, ce fut presque le même scénario : on lui a expliqué que ce n'était pas le domaine de compétence de la police et qu'il devait aller expliquer les faits au marabout Mohamed Ag Bana pour un traitement religieux de l'affaire.

Dans la situation actuelle, le comportement de ceux qui sont chargés de rendre justice ou d'aider à mettre chacun dans ses droits est autant désespérant que celui des victimes. Nous avons demandé qu'une plainte soit déposée devant le juge, dans l'espoir qu'un jour, force restera à la loi ! Toutefois, TEMEDT a organisé une mission composée du premier adjoint au maire de Kidal et de Ezaggagh, l'oncle de l'enfant pour les recherches.

58. Ibrahim Ag Atarey Tarey

Je suis né sur une dune de sable dans la zone de Tamalet, et je pense que j'ai 25 hivernages. Je ne connais pas mes parents car j'ai été sevré à un an, puis j'ai été nourri avec du lait de chèvre. Ma principale activité auprès de mon maître est d'abreuver les animaux toute la journée, souvent jusque tard dans la nuit.

Je ne suis pas marié parce que je n'ai pas de quoi me marier, mais le maître m'a promis qu'il me trouvera une femme si je respecte à la lettre toutes les consignes qu'il m'aura dictées. Il m'a aussi assuré que si je fais bien son travail, il me bénira pour que je puisse être accepté par le seigneur dans le paradis.

Un jour où je suivais mes bêtes, un homme qui était de passage me demanda si les animaux m'appartenaient, j'ai répondu que non et que je suis esclave d'un Daoussahak très connu dans le secteur. Il m'a parlé de TEMEDT qui libère les esclaves si je le voulais, mais moi j'étais très bien avec mon maître même s'il me maltraitait, je préfère rester auprès de lui car, je ne connaissais personne d'autre. Surtout qu'il m'a promis de me donner une femme qui coûte cher et qu'un jour je serai un père et je fonderai une famille.

Lors d'une foire, j'ai accompagné mon maître pour vendre quelques bêtes. Pendant que le maître négociait ses affaires, je me suis faufilé pour disparaître des lieux. Dans cette fuite, j'ai abordé un homme richement habillé auquel j'ai demandé de m'aider pour rencontrer les gens qui aident les esclaves à se libérer.

Aussitôt dit, mon sauveteur m'introduit dans une concession pour me poser des questions sur mon statut et mes maîtres. Après avoir répondu à toutes les questions, mon interlocuteur m'a conduit chez le responsable de TEMEDT. Ce dernier m'a posé les mêmes questions auxquelles j'ai donné les mêmes réponses. Après m'avoir installé, mon logeur me rassura que je serai libéré et que mon maître ne pourra plus me retrouver. Présentement je vis toujours en cachette chez mon logeur à Andéramboucane qui prétend me transférer à Ménaka afin de rencontrer un juge et déposer une plainte.

59. Tamalat Walet Bilal

Je suis la benjamine d'une famille de cinq enfants, notre père Bilal est décédé, et depuis sa disparition, la famille est dispersée. Notre maître s'appelle Alhassane Almouner et c'est un homme qui est craint par tous. C'est lui qui s'est emparé de l'héritage de notre défunt père.

Mes frères et moi avons été partagés entre les enfants du maître. Seul le plus âgé, notre grand frère a protesté pour ne pas se séparer de notre maman. C'est le pire souvenir de ma vie, car notre mère a versé toutes ses larmes mais malgré tout, nous avons été déportés par les cinq enfants du maître.

La fille de notre maître était très mécontente, les premiers jours de mon arrivée je n'ai pas travaillé, elle me conseilla en disant que c'est notre destin. L'esclavage serait le sort qui est réservé aux Noirs depuis la nuit des temps et nous devons nous soumettre à nos maîtres pour bénéficier de leur bénédiction afin d'avoir accès au paradis. Au fil du temps j'ai commencé à travailler comme toutes les esclaves, mais les conditions de travail se sont améliorées par rapport au campement.

Un jour, pour une petite faute que j'avais commise, la maîtresse m'a violentée, j'ai fui pour me réfugier chez des Bambaras qui étaient nos voisins et auxquels j'ai exposé mon statut. Le père de famille m'a pris en pitié et m'a conseillé de ne plus retourner chez ma maîtresse, et il m'a fait des propositions.

Selon lui, je pouvais être employée de maison avec une rémunération qui peut me permettre de vivre heureuse et libre de tous mes mouvements, plus loin à Ansongo chez sa sœur qui est mariée à un gendarme, pour être à l'abri. C'est ainsi que trois jours après, un convoi militaire me déposa à Ansongo où je fus accueillie à la gendarmerie d'Ansongo par un homme habillé en tenue militaire. Depuis, je suis chez mes nouveaux parents qui sont très aimables à mon endroit. Je pense que je ferais ma vie chez eux jusqu'au jour où mon destin me conduira ailleurs.

60. Gaichata Walet Ingall

Je suis dans une *Fraction* de marabout Kel Oussouk, dans l'Azaouack. Je suis esclave par ascendance : c'est-à-dire, esclave née de père et de mère esclaves.

Nous sommes des « domestiques », nous nous occupons de tous les petits travaux domestiques : la cuisine, la surveillance des petits ruminants, des vaches et des chameaux. Mais le travail que je déteste le plus, c'est lorsque je dois laver la Maîtresse car, elle pèse très lourd, elle peut se déplacer à peine.

Je lui apporte toutes les nuits dix litres de lait de chamelle qu'elle consomme avant le matin. Je dors à côté de son lit, et toutes les heures, elle me réveille pour lui servir une tasse de lait. Cette corvée est suivie d'une autre, celle de l'assister chaque fois qu'elle doit aller au besoin.

La Maîtresse nous instruit qu'un esclave doit toujours obéir à son maître pour avoir sa bénédiction et prétendre au paradis dans l'au-delà. Je ne connais aucun de mes parents, peut-être qu'ils sont en vie quelque part, réduits en esclavage dans une autre partie du pays !

61. Ahmed Ag Goga

Je suis né à Inteley d'après mon maître, pendant *les cures salées*[3], mais ma mère n'a pas survécu à ma naissance, par manque d'assistance. Le maître m'a fait adopter par une autre esclave dénommée Elèye qui me donnait du lait de chèvre. Je me rappelle bien de cette femme, Elèye, qui me maltraitait plus que mes maîtres. Elle me tabassait pour la moindre faute que je commettais et me traitait de petit esclave. Je me rappelle bien le jour où le puits s'était effondré sur la pauvre que nous n'avons plus revu. Ensuite, nous sommes restés sans encadreur et avons grandi entre les moutons.

Le fils d'Elèye s'appelait Tamou Tamou (esclave). Un jour de foire, il a tenté de fuir, avec moi, quand il a entendu parler de TEMEDT qui aide les esclaves à se libérer, mais hélas il fut dénoncé par celui-là même qui nous avait donné l'information. Ce jour, nous avons tous été bastonnés avec une cravache en peau de chameau. Le lendemain, mon camarade fut échangé contre un chameau à un autre esclavagiste.

Quant à moi, par crainte que je ne me sauve, j'ai été vendu à un commerçant arabe qui m'amena au Nigéria et qui voulait me transférer aux Emirats arabes pour conduire des chameaux ; mais j'ai réussi à m'enfuir au moment la grande prière du vendredi.

Finalement, j'ai même changé mon nom pour me fondre dans la nature. Je me suis transformé en petit mendiant, puis en laveur de voiture à Kano au Nigeria. Deux ans après ma fuite, j'ai fait la connaissance d'un Touareg du Niger, chauffeur de son état, qui m'a aidé à trouver un permis de conduire. Présentement, j'exerce la profession de chauffeur entre le Niger et le Nigeria. Je n'ai aucune nouvelle de mes parents, surtout que tout le monde m'appelle Dan Foulani, à cause de mon bon teint clair (petit peulh), dont je suis très fier.

---

[3] Cures salées : Au cours des transhumances, les animaux sont souvent conduits sur des terres salées pour l'apport en nutriments minéraux.

62. Tibigate Walet Biga

A ma naissance je n'étais pas esclave. Quand j'avais cinq ans et mon frère trois, nous étions avec notre père Biga et notre mère Mariam. C'était en 1985, lors de la grande famine, nous étions dans notre campement dans le Tilemsi. Progressivement, toutes les familles se sont déplacées vers les centres urbains, seule notre tente est restée. Un matin, mon père a décidé d'aller chercher une monture pour nous déplacer, il est parti très tôt après une dispute chaude avec notre mère, la veille.

Aux environs de seize heures, ne voyant pas venir mon père, notre mère nous ligota sous la tente et s'en alla à dos d'âne en direction du Tilemsi. Mon petit frère et moi avons passé toute la nuit à crier mais en vain, sans secours. Nous avons réussi à nous libérer, mon frère a pris une direction dans la nuit en pleurant, moi je suis resté jusqu'au matin quand deux chameliers de passage m'ont vue et enlevée. L'un de ces hommes m'a adoptée jusqu'à l'âge de seize ans dans un endroit que je ne connaissais même pas. Un jour, nous sommes allés à Kano au Nigeria, en compagnie de sa femme. C'est là qu'ils m'ont abandonnée dans une famille aisée. Après leur départ, un vieux, qui devait avoir l'âge de mon grand-père me fit savoir que je suis désormais sa femme et que j'ai été vendue comme esclave par mon maître. Je fus comme foudroyée et m'écroulai, perdant connaissance.

Je suis restée là pendant trois mois quand, un jour, le vieux tomba malade. Ses femmes sont venues me déloger et me jeter dans la rue. C'est ainsi que je suis revenue au Niger où j'ai fait la connaissance de Monsieur Ousmane Inagar par un pur hasard. Ce dernier m'a orientée dans une famille tamashek qui m'a bien accueillie, comme l'exige la tradition touareg. Les recherches et les annonces se sont multipliées et j'ai enfin retrouvé certains de mes parents. Quant à ma mère, j'ai appris qu'elle vit en Algérie et mon père n'a pas survécu. Aujourd'hui, je suis une femme libre et je suis mariée à un cousin de ma mère et j'ai quatre enfants.

63. Mori Coulibaly

Je suis l'esclave de Moussa Diawara. Nous sommes natifs de Nioro et nous ne quitterons jamais la terre de nos ancêtres pour continuer à servir nos maîtres. Mon père fut l'esclave de son père, mon grand-père fut l'esclave de son grand-père et mon fils sera l'esclave de son fils. Donc, je suis fier et j'exécuterai aveuglement tout ce qu'il me demandera.

Laissez-nous dans notre statut d'esclave et ne revenez plus nous sensibiliser pour être ce que vous appelez homme libre. Dans mon statut d'esclave, je me sens plus à l'aise que toi homme libre mais qui souffre, à peine tu arrives à subvenir à tes besoins.

Chez mon maître, je ne manque de rien, il me met dans toutes les conditions, je mange à ma faim, ma femme, mes enfants aussi. Alors qui dit mieux, vous, homme libre, que tirez-vous de votre liberté ? De grâce, ne revenez plus ici, car vous ne pouvez pas mettre fin à ce bonheur que Dieu nous a envoyé.

Depuis la nuit des temps, la noblesse existe et à côté d'elle les serviteurs sont là, sinon comment voulez-vous que le monde avance ? A côté des esclaves, vivent aussi les forgerons et les griots. Pourquoi n'essayez-vous pas de mettre fin au système des castes, donc vous voulez nous rendre malheureux ? Vous faites le jeu des Occidentaux en parlant de démocratie et de politique pour nous diviser et mieux régner, alors nous refusons, laissez-nous tranquilles.

64. Chaka Diarra

Il y a deux sortes d'individus sur la terre que vous ne devez pas ignorer : les Nantis et les Non-Nantis. Dieu a créé tous les hommes égaux, mais ont des destins différents. Certains sont riches, ont hérité de leurs parents, à côté de ces riches vivent les pauvres. La noblesse vient de la richesse, celui qui n'a pas de moyens de subsistance sera obligé de se soumettre. Certains de nos enfants sont allés à l'école et sont devenus des cadres de l'État, mais demeurent toujours des esclaves qui ont une certaine autonomie financière.

Mais, pourquoi ne viennent-ils pas ici pour nous sensibiliser ou nous mettre des idées dans la tête ? C'est parce qu'ils savent que l'esclavage qu'ils ont vécu ici au village est normal. Donc reprenez votre route car vous avez fauté, vous nous trouvez dans notre bonheur et vous voulez nous y enlever.

Je vous jure que vous avez beaucoup de chance, car si le maître avait ordonné de vous exécuter, il ne l'aurait pas répété deux fois car nous vous aurions tués comme des chiens enragés. Ne revenez plus jamais chez nous pour vous moquer de nos maîtres, qui sont tout pour nous. Nous sommes des frères et nous partageons tout, personne ne pourra nous diviser

65. Rokia Diarra

Je suis une femme de caste des Diawara dans le cercle de Nioro. Je vivais dans notre contrée où mes parents ont toujours vécu auprès des grands marabouts. J'étais aussi la servante des deux épouses du grand marabout du village, je ne manquais de rien.

Un jour où la fille du marabout s'était mariée pour aller à Nioro, le marabout décida que je sois un cadeau de mariage de sa fille. Ce qui fut fait. J'ai quitté mes parents alors que je n'avais que douze ans pour une nouvelle vie. Ma maîtresse était très sévère avec moi malgré les efforts que je fournissais pour la satisfaire. Je partais tous les matins faire le marché et c'est là que j'ai fait la connaissance d'un jeune gendarme qui me taquinait à chaque fois qu'il me trouvait sur le chemin.

La dernière fois qu'il m'avait vu au marché, il me demanda si je pouvais être sa femme. Quand je portais la nouvelle à ma maîtresse, elle me gifla en me disant que j'ignore mon statut. « Si jamais tu revois cet homme je vais te fouetter et te renvoyer au village », me dit-elle.

Depuis, j'évitais de prendre le même chemin pour ne pas rencontrer cet homme, mais il a réussi à me dénicher pour me sensibiliser et finalement il m'a convaincue. A l'occasion d'une absence du couple, nous avons organisé ma fuite pour nous retrouver à Bamako chez les siens où nous avons organisé notre mariage religieux et aujourd'hui, nous avons trois enfants, mais je ne peux plus retourner au village.

D'après les dernières nouvelles, mes parents sont soumis à des pressions pour me convaincre à renoncer à mon mariage sinon, sans la bénédiction des maîtres, j'irais en enfer dans l'au-delà. En tout cas, je ne quitterai jamais mon mari et mes enfants.

66. Samba Coulibaly

Je suis Samba Coulibaly, je viens d'un village Bambara non loin de Bamako, mon père était un maître, c'est-à-dire noble très connu dans le village. A ma naissance, il avait des esclaves qui étaient au service de toute la famille. L'un des esclaves avait une fille très belle et plus jeune que moi. On me disait qu'elle serait mon esclave comme son père l'était pour le mien.

A l'âge de dix-huit ans j'étais majeur et j'étais presque tout le temps accompagné par la petite, d'ailleurs comme tout maître avec son esclave. Plus on passait de temps ensemble, plus on commençait à avoir des sentiments l'un pour l'autre. Enfin, je tombai amoureux d'elle ; elle était la seule fille pour qui j'éprouvais un tel sentiment, alors que les coutumes interdisent qu'un noble épouse une esclave.

Un jour, je décidai d'en parler à mon père, ce qu'il ne fallait pas, car il jura de me tuer si jamais j'essayais cette union et que d'ailleurs la fille serait bientôt vendue. Cela m'a beaucoup marqué. Depuis que mon père a eu cette information, Kadia ne passait plus trop de temps au village. Elle comprit qu'une menace la guettait et elle se faisait discrète.

Mon père ne m'a plus laissé de temps, il exécuta sa menace sans attendre. La fille en question a été mariée à un autre esclave dans un village très éloigné. Malgré le statut de cette fille, je continue toujours à rêver de cette créature qui ne jouissait pas de ses droits alors que nos lois disent que tous les hommes sont nés égaux.

Longtemps après, quand j'ai fini mes études, j'ai compris que dans mon village et quelque part dans mon pays, il existe un phénomène que les autorités doivent combattre pour assurer l'égalité pour tous et punir les contrevenants.

67. Bintou Walet Tamché

Je ne suis pas née esclave mais, à cause de l'extrême pauvreté de mes parents, j'ai été confiée à la femme d'un vieux riche qui était notre voisin et qui possédait un troupeau de vaches et de petits ruminants, pour l'aider à faire ces petits travaux domestiques. Dans cette contrée située entre le Mali et le Niger, les pâturages sont abondants. J'étais heureuse chez nos voisins puisque je mangeais à ma faim, ce qui n'était pas possible chez moi. Quand le campement s'est déplacé pour une transhumance des animaux loin de mes parents, quelques bêtes ont été confiées à mon père pour la survie de la famille. Dès lors, pour moi, les choses ont commencé à devenir difficile. Ce qui me gênait le plus, c'est qu'on ne me considérait pas comme une personne.

Quelques années plus tard, après la mort de mon maître suite à une courte maladie, un de ses frères est venu me chercher. Chez lui c'était encore pire, ce monsieur disait à tous ceux qui venaient à la maison que je suis une esclave. Ces enfants ne me considéraient pas, je n'avais pas le droit de manger avec les autres, je prenais mon repas dans la cuisine, je ne mangeais que deux fois par jour, ce qui n'était pas assez avec tous les travaux que je faisais.

Accidentellement je suis tombée enceinte de lui, cela aggrava la situation puisqu'il commença à me faire travailler encore plus, malgré mon état. J'ai accouché d'un garçon que j'ai gardé jusqu'à l'âge de douze ans. Après, mon maître me l'a enlevé et l'a vendu comme une marchandise à un étranger.

Après cette douloureuse séparation j'ai décidé de m'enfuir. Quand l'occasion s'est présentée, j'ai quitté le domicile du maître et je suis partie en prenant une direction au hasard. Je me suis retrouvée dans un autre campement où j'ai menti en disant que j'étais à la recherche de notre âne égaré.

Le lendemain, j'ai repris la route en marchant toute la journée pour me retrouver dans le village de Tabankorte. Dans ce village, j'ai travaillé comme servante chez une enseignante qui m'a donné l'espoir de revivre une vie normale. Jusqu'à ce jour, je n'ai plus eu de nouvelles de mon fils. Je sais que mes petits fils subiront le même sort que leur père : être esclave de quelqu'un d'autre.

68. Issetane Ag Athada

Je suis esclave de naissance. Je faisais toutes les commissions qu'un enfant pouvait faire. Mon maître ne vit plus, il s'appelait Aboubracrine Ag Innama de la *Fraction* des Idjillads.

Je suis né en 1946 et suis resté avec mon maître jusqu'en 1959, année où j'ai fui pour venir à Bourem. Il est venu plusieurs fois à ma recherche mais je lui ai toujours échappé jusqu'à l'indépendance.

Lorsque j'étais chez mon maître, je faisais des petits travaux pour les gens, un peu de commerce, et en 1984 j'ai été recruté comme gardien au projet Phosphate de Bourem. Je suis actuellement à la retraite et je touche ma pension.

69. Tabeydabo

Bien sûr, j'ai été esclave des Idjillads et la vraie esclave. Mon maître est Ahmoudou, le père de Mini, l'ex-président du Conseil de Cercle de Bourem. Je me rappelle des tortures, des injures, des travaux forcés auxquels j'étais soumise et j'ai d'autres souvenirs.

Je suis née vers 1958 et j'ai quitté mon maître en 1973, l'année de la grande sécheresse. C'est le même Mini qui m'a donné une gifle qui a failli me tuer et suite à cela j'ai pris la fuite pour venir à Bourem où j'ai commencé à travailler comme domestique.

Actuellement, je fais du petit commerce qui ne me rapporte pas grand-chose. Bien que cette activité ne me rapporte pas beaucoup, elle n'est pas comparable à une vie d'esclave, car rien ne vaut la liberté.

70. Aya Walet Ghalifa

Je suis esclave des Idjillads et il n'y a aucun doute en cela. Je suis toujours esclave, je n'ai pas quitté mes maîtres, si vous me voyez là aujourd'hui c'est parce que je n'ai plus de force pour les servir. Tous mes enfants sont restés avec eux. Mon maître est Hamaye Ag Amahlouk, je l'aime, je l'adore, que dieu le bénisse. Il ne m'a jamais maltraité, je ne me plains en rien de lui et je reste toujours son esclave.

Je ne connais pas mon âge ; si je n'ai pas cent ans, je n'en suis pas loin. Quand je pouvais encore marcher, je faisais la mendiante ces dernières années, mais maintenant je suis paralysée et ce sont les voisins qui me donnent de quoi manger.

71. Eda Walet Infa

J'étais esclave et je sais tant de choses sur l'esclavage ! Mon maître s'appelait Khalifa, je ne connais pas le nom de son père. Je suis née vers 1950 et j'ai fait toute mon enfance avec mon maître. J'ai subi toutes sortes de maltraitance : j'ai été frappée et torturée, j'exécutais des travaux beaucoup plus durs que ce que l'on peut imaginer. C'est à la chute du régime de Modibo Keita (1968) que j'ai pris la fuite pour me rendre à Bourem.

Je suis restée à Bourem où ma maîtresse est venue me chercher. Nous sommes reparties à dos d'âne. Chemin faisant, nous avons passé la nuit en brousse : j'ai fui pendant qu'elle dormait et depuis je n'ai plus accepté de la revoir, bien qu'elle soit revenue plusieurs fois à ma recherche.

Actuellement je fais un peu de commerce de charbon et de bois, ce qui me procure de maigres revenus.

72. Akly Ag Souba

J'ai été esclave et j'en ai vécu des moments durs que je ne pourrais jamais oublier.

Mon maître fut Hamaya Ag Mohamed (marabout) à Adjilid. Je suis né vers 1952 et j'étais avec lui depuis le bas âge. Je faisais tous les travaux de la famille. Je travaillais comme un animal. Quand je suis devenu grand et robuste, je restais au puits près de 48 heures à puiser de l'eau pour abreuver les animaux. C'était pénible.

Quand j'ai pris conscience, je me suis dit : pourquoi vivre cette vie aussi pénible et aussi longtemps ? J'ai réussi à m'enfuir pour Bourem vers 1969, avec l'intention de ne plus retourner chez mon maître. Depuis cette date, malgré toutes les tentatives d'approche de mon maître, je n'ai plus accepté de retourner chez lui pour être son serviteur.

Je faisais le manœuvre, le docker et actuellement je fais le charretier.

73. Oumalher Mint Mathala

Je reconnais l'esclavage parce que je l'ai vécu de toute ma force pendant toute ma jeunesse. Mon maître fut Sanda Ould Mohamed Alhabdi. C'est un Kounta. J'ai travaillé très dur pour eux, lui et les siens. Je faisais les travaux ménagers et conduisais les chèvres, les moutons et même les chamelles aux pâturages. J'en ai assez souffert.

Vers 1974, toutes nos familles ont pris conscience de cette traite illégale et nous avons fui vers Bourem où nous sommes restés jusque-là. Actuellement je ne fais rien que le petit ménage.

74. Oubeyda Ould Belher

J'ai connu une enfance très dure avec la *Fraction* Ahal Laghwal de Bamba : travaux forcés, tortures, coups et blessures. Je ne savais même pas à qui j'appartenais, seulement quand je suis devenu un peu grand, j'ai fui pour me retrouver auprès de Haïballa Ould Ibrahim qui fut mon second maître. Là, j'ai continué les mêmes travaux, mais avec moins de torture. Il m'a fait marier à une de ses esclaves, mais c'était juste pour faire des enfants. Ces enfants ne m'appartenaient pas et ne me servaient à rien.

J'ai pris la décision de le quitter en 1984 pour Bourem. Les enfants sont restés et maintenus comme esclaves. Je ne sais pas ce qu'ils sont devenus après. Je suis venu résider à Bourem où je fais le docker et le charretier.

75. Hawatane Dicko

Je ne connais pas mon âge exact, mais je crois avoir autour de 70 ans. Je suis de sexe masculin. Mon maître s'appelle Atane de la *Fraction* D'Imouchag, connu sous le nom d'Ihmid. On m'appelle esclave et je le suis toujours. Je suis marié et père de cinq enfants. Je réside dans le hameau de Hatane, près de Kanabougou depuis plus de 30 ans maintenant.

La *Fraction* à laquelle j'appartiens est originaire de la région de Tombouctou et précisément du cercle de Diré. D'après elle, mes parents seraient venus du sud, d'origine peulh, capturés du temps des razzias.

A mon âge, je n'ai plus de force. Je pratique un peu d'agriculture pour ma propre subsistance. En ce moment, vu mon âge, je ne travaille pour personne. Ce sont mes enfants qui sont utilisés par mon maître. Ma femme aussi est âgée et ne peut que s'occuper de son propre ménage. Aucun de mes enfants n'a été à l'école. Ils ont entre 15 et 35 ans.

Les filles font le ménage pour leur maître et leurs parents. Les garçons s'occupent des travaux champêtres chez leurs maîtres et chez leurs parents et sont chargés du gardiennage des animaux.

En cas de décès, mes biens reviennent à mes enfants et ma femme qui sont tous la propriété de mon maître. Je suis soumis à mon maître parce que je n'ai pas d'autre choix. Je dois obéir car il est plus fort que moi. Une des souffrances que je ne pourrais jamais oublier est d'avoir été puni par mon maître pour m'être opposé à ce que ma fille l'accompagne dans son déplacement en Mauritanie. Mon souhait aujourd'hui est d'être libre. Les activités que je désire sont celles que je maîtrise déjà et qui sont l'agriculture et l'élevage. Cela me permettra de gagner de quoi vivre.

76. Aliou Ag Hawatane

J'ai près de trente ans. Je suis de sexe masculin. Mon maître s'appelle Hatane Ag Tahane, de la *Fraction* Imouchag ou « Ihmid ». Je suis toujours considéré comme captif. Je suis marié, père de quatre enfants. Je pratique l'élevage et l'agriculture. Je réside dans le hameau de Hatane à Kanabougou dans la commune de Siribala.

Une partie de mes parents est ici et l'autre est au Nord. Je fais ce travail pour le maître qui est le propriétaire des terres. Je ne suis pas payé par mois. Je me suis débrouillé pour me marier, avec l'aide de mes parents.

Ma femme s'occupe de son propre ménage et fait des travaux domestiques chez le Maître. J'ai un garçon qui fréquente l'école, il fait la 5ème Année. Mes enfants sont âgés de trois à douze ans. Les filles font les travaux ménagers pour leur mère et pour le maître jusqu'à l'âge du mariage. Le maître les récompense en leur donnant quelques couverts. Les garçons travaillent aussi pour le maître.

Quand les parents décèdent, l'héritage revient aux enfants. Je suis là chez le maître parce que je n'ai pas les moyens de le quitter.

Je suis soumis à de mauvais traitements de la part de mon maître. L'agriculture et l'élevage sont les activités que nous maîtrisons.

Je désire un jour avoir mes propres moyens de production, c'est-à-dire ma terre à cultiver et mon habitation.

77. Ahmed Ag Hawatane

Je ne connais pas mon âge, mais je l'estime à environ vingt cinq ans. Je suis né esclave chez mon maître Hatane Ag Tahama. Il est de la *Fraction* Imouchag ou « Ihmid ».

On m'appelle toujours esclave. Je suis marié et père de deux enfants. Je pratique l'agriculture et l'élevage. J'habite au hameau de Hatane. Je suis né ici il y a près vingt cinq ans et je vis avec mes frères et sœurs. D'autres parents sont au Nord. Je travaille pour le maître mais je ne suis pas payé pour les travaux que j'effectue.

Ma femme fait le ménage souvent chez le maître. Quand mes enfants, de deux et quatre ans, seront grands ils travailleront pour moi et pour le maître aussi.

Je suis soumis à mon maître parce que « j'ai ouvert les yeux » dans ce système (je suis né dans le système). Si je n'obéis pas aux ordres de mon maître, il peut faire de moi tout ce qu'il voudra. Je ne peux pas oublier les mauvais traitements auxquels je suis soumis.

Tout homme a besoin d'être libre.

Je souhaiterais avoir des champs de riz et les moyens de les travailler.

78. Talhata Dicko

Je dois avoir trente cinq ans. J'ai été esclave chez les Imouchag. C'est le nom de la *Fraction*, appelée aussi Ihmid. D'après ce que mes parents m'ont raconté, nos grands parents sont venus du Sud au moment de la traite des Noirs. J'habite ici avec ma femme et mes enfants, mes autres parents sont restés au Sud.

Mes occupations consistaient à travailler la terre et à couper du bois. Ma femme fait le ménage chez moi, m'aide dans les travaux champêtres et le maître l'utilise aussi pour les travaux domestiques. Mes filles travaillent avec leur mère et aident la femme du maître dans ces travaux ménagers.

Après mon décès, mes biens reviennent à ma femme et à mes enfants. Je suis soumis à mon maître parce que c'est une coutume. Il a aussi plus de pouvoir que moi et il en a les moyens.

La souffrance que je n'oublierais jamais, c'est le fait d'être toujours obligé de travailler pour lui, sans aucune rémunération.

C'est ma toute première fois d'entendre parler de l'association TEMEDT. J'ai plus que besoin d'être libre à présent et continuer avec les activités que je menais, telles que l'agriculture et l'élevage.

79. Aliou Ag Talata

Mon âge est d'environ vingt ans, je suis esclave et mon maître est de la *Fraction* Imouchag (Ihmid), dans le Cercle de Diré (région de Tombouctou). Je suis marié et mon travail est l'agriculture et l'élevage. Je réside au hameau d'Atane depuis l'année de la deuxième sécheresse (1984-1985). Mes parents seraient originaires du Sud du Mali, dans le Macina. Je suis là avec mon père et ma mère, mais j'ai d'autres parents ailleurs dans cette même zone de Diré.

Je pratique l'agriculture et l'élevage, pour mon propre compte et pour mon maître. Je n'ai pas de salaire mensuel. Mes parents m'ont proposé une femme que j'ai épousée. Elle fait les travaux domestiques, m'aide dans les travaux champêtres et donne un coup de main à la femme du maître.

Mes enfants ne sont pas à l'école et n'ont pas encore l'âge de travailler. Ils ont entre deux et quatre ans. Les filles, aussi bien que les garçons, n'ont pas l'âge de travailler. Si je décède, l'héritage leur revient. Je suis soumis à mon maître parce que mon père faisait de même.

Je regrette surtout cette situation d'esclavage dans laquelle je me retrouve malgré moi. Si je travaillais pour moi-même depuis toujours, j'aurais réalisé plein de choses et j'aurais été heureux. Comme tout homme, j'aspire à la liberté et au bonheur. Je souhaiterais acquérir les moyens pour travailler et gagner ma vie.

80. Agali Dicko

J'ai plus de quarante cinq ans. Je suis esclave d'Atane qui appartient à la *Fraction* Imouchag. Je suis toujours considéré comme esclave. Je suis marié et je travaille la terre de mon maître.

Il m'a été raconté que mes grands-parents sont des peulhs du Macina. Je travaille la terre, pratique un peu d'élevage et coupe du bois. Je cultive le champ de mon maître. Après la récolte, une partie sert à payer la redevance eau, et le reste revient au maître qui me donne juste de quoi me nourrir. Je ne suis pas payé par mois.

Ma femme fait les travaux ménagers chez moi et chez son maître. J'ai un enfant qui va à l'école (5è année) dans le village voisin. Mes autres enfants m'aident à travailler les champs du maître.

Les filles aident leur mère dans le ménage, aussi bien chez moi que chez le maître. Après mon décès, l'héritage revient à mes enfants et leur mère. Je suis soumis à mon maître parce que c'est devenu en quelque sorte une coutume.

La souffrance qu'il m'a infligée que je n'oublierai jamais, c'est la manière dont il me traitait.

J'ai entendu parler de l'association TEMEDT, mais ce n'est qu'aujourd'hui que j'ai eu la chance de la rencontrer.

Rien ne vaut la liberté, je la préfère à tout. Les activités que je veux mener sont l'agriculture et l'élevage.

A l'avenir, je souhaite être libre et avoir les moyens pour m'épanouir.

81. Moulu Dicko

J'ai à peu près 40 ans. Je suis toujours esclave et mon maître, qui réside au hameau d'Atane, est de la *Fraction* Imouchag. Je suis marié et mon travail est l'agriculture et l'élevage. Je réside au hameau de mon maître depuis près de vingt ans.

Mes grands-parents seraient originaires du Sud. Je vis avec certains de mes parents et d'autres se trouvent à Diré. Je travaille pour mon maître, mais je n'ai pas de salaire mensuel.

Mes parents m'ont proposé une femme que j'ai épousée. La dot a été remise aux parents de ma femme. Elle s'occupe de son ménage, m'aide dans les travaux champêtres et travaille aussi pour la femme du maître. Mes garçons qui ont l'âge de travailler sont au service du maître et nous aident aussi dans nos travaux. Ils ont entre trois et douze ans.

Si je meurs, l'héritage revient aux enfants et à ma femme. Je suis soumis à mon maître parce que je suis né esclave.

Je n'ai jamais entendu parler d'association ou d'individu qui lutte contre l'esclavage, si ce n'est aujourd'hui. Tout le monde aspire à la liberté car rien ne vaut la liberté. Je veux mener comme activité l'agriculture et l'élevage et mon souhait est d'avoir les moyens pour travailler à mon compte.

82. Almouner Ag N'Gari

Je dois avoir soixante ans. Je suis chez les Imouchag et suis leur esclave. Je suis marié. Je pratique l'agriculture et l'élevage. J'habite le même hameau qu'eux depuis plus de vingt cinq ans.

Mes grands-parents ont été ramenés du Sud par les caravaniers. Je vis ici avec ma famille et une partie de mes parents est au Nord. Je travaille la terre et je pratique l'élevage des petits ruminants. Je cultive les terres de mon maître. Je n'ai pas de salaire mensuel.

Ma femme fait les travaux ménagers chez notre maître. Aucun de mes enfants n'a fréquenté l'école. Les filles aident leur mère dans ses travaux ménagers chez le maître. Leur âge est compris entre sept et vingt deux ans. Les garçons m'aident dans tout ce que je fais et les filles aident leur mère.

Je suis soumis à mon maître parce qu'il a plus de moyens que moi. La manière dont il me traite souvent est révoltante, mais en tant qu'esclave je suis obligé d'obéir.

J'avais entendu parler d'une association qui aide les victimes de l'esclavage, mais c'est mon premier contact avec ses représentants.

J'ai besoin d'être libre et indépendant et continuer à pratiquer l'élevage et l'agriculture si j'en ai les moyens.

83. Effad Ag Almouner

Je me nomme Effad Ag Almouner. J'ai vingt sept ans environ. Je suis esclave et mon maître est de la fraction Imouchag. On m'appelle toujours esclave. Je suis marié et je pratique l'agriculture et l'élevage. Je réside au hameau d'Atane. Mes parents sont d'origine peulh du Macina.

Je travaille pour mon maître, mais je ne suis pas payé. C'est mon père qui m'a proposé une femme que j'ai mariée. La dot a été donnée par mon père aux parents de ma fiancée.

Ma femme fait les travaux ménagers pour mon maître. Je n'ai pas d'enfants à l'école. Le seul enfant que j'ai est un garçon qui n'a pas l'âge de travailler. Il est âgé d'un an. Après mon décès, mon enfant héritera de mes biens.

Je suis soumis au maître parce que mon père était sous domination des parents du maître. Je n'oublierai jamais les mauvais traitements qui me sont infligés.

Pour moi, le maître est le seul homme fort, que personne ne peut contraindre à faire quelque chose.

J'ai besoin de liberté. Mes activités préférées sont l'agriculture et l'élevage

Mon souhait est d'être libre un jour et avoir des moyens pour travailler.

84. Guissa Ag Mouner

J'ai dix-huit ans et je suis esclave au hameau d'Atane. La *Fraction* à laquelle j'appartiens s'appelle Imouchag (Ihmid). Je suis toujours esclave. Je suis marié et vit dans le même hameau que mon maître. Je suis né ici, mais mes parents viennent du Sud du pays et sont d'origine peulh, selon les dires.

Je travaille pour mon maître sans salaire. Ma femme fait les travaux ménagers chez notre maître. Je n'ai pas d'enfant d'abord et si je mourrais dans ces conditions, c'est ma femme qui hériterait de mes biens.

Le traitement qu'on me fait subir est inhumain et je ne l'oublierai jamais de ma vie.

C'est la première fois que j'apprends qu'il y a une association qui aide les gens à se libérer de ce problème d'esclavage. Si possible, j'aimerais vraiment être libre et pouvoir travailler à mon propre compte.

85. Afadai Cissé

J'ai quarante cinq ans. Je suis esclave de Kel Insar dont la *Fraction* porte le même nom. Je suis toujours esclave de mon maître. Mes parents sont d'origine sonrhaï. Une partie de mes parents est restée à Goundam et l'autre partie est ici.
Je pratique l'agriculture et l'élevage pour mon maître et pour moi-même. Je n'ai pas de salaire mensuel.

Ma femme s'occupe de son ménage et m'aide dans les travaux champêtres.

Mes enfants ne vont pas à l'école. Ils m'aident à faire les travaux champêtres et à garder les animaux du maître. Les filles aident leur mère à faire les travaux domestiques et les garçons vont au champ et conduisent les animaux. En cas de décès mes biens reviennent à mes enfants et à leur mère

Ce système est devenu une coutume et on est obligé de se soumettre. Je ne peux rien oublier de ce que nous font subir les maîtres.

J'ai entendu parler de cette association, mais c'est ma première fois de prendre contact avec vous. Je veux être libre et avoir les moyens de travailler la terre et d'élever des animaux.

86. Aliou Dicko

Je suis âgé d'environ trente cinq ans et esclave des Imouchag. Je suis marié et pratique l'agriculture et l'élevage dans le hameau d'Atane. Je travaille la terre et élève de petits ruminants. La terre appartient à mon maître, je la travaille et lui donne une bonne partie de la récolte. Je n'ai d'autre salaire que ce que je peux gagner dans le champ. Ma fille s'occupe du travail de ménage de notre foyer et m'aide aussi dans les travaux champêtres. Un de mes enfants est à l'école dans un village voisin. Il fait la 6ème année.

En cas de décès mon héritage revient à mes enfants et à ma femme. Je suis soumis à mon maître parce que c'est un système qui s'est installé il y a longtemps. Ceux qui l'exercent ont plus de moyens que nous.

Je ne peux pas oublier tout ce que j'ai vécu comme souffrances.

Je veux être libre et travailler pour moi-même.

87. Tamaït Dicko

Je dois avoir 45 ans. Je suis esclave et mon maître, qui est du hameau d'Atane, est de la *Fraction* Imouchag. Je reste toujours son esclave (de par mon ascendance).

Je suis marié et je pratique l'agriculture et l'élevage. Je réside présentement à Bougoucho. Je travaille pour ma propre survie. Ma femme s'occupe des travaux de ménage et m'aide dans les travaux champêtres. Mes enfants ne vont pas à l'école et m'aident dans mes travaux. Les filles aident leur mère à faire le ménage.

Mes biens, en cas de décès, reviennent à ma famille (ma femme et mes enfants).
Présentement, je ne suis pas soumis à mon maître car on s'est séparé.

La souffrance qu'on m'a infligée et que je n'oublierai jamais, est que le maître m'a fait divorcer d'avec la femme avec qui j'ai eu quatre enfants. Cette femme a été donnée en mariage à un des esclaves du maître qui se trouve au Nord. Une fois, le maître avait réclamé de l'argent à ce dernier en guise d'allocation pour les enfants. Ce dernier lui avait remis 250.000 francs Cfa, mais le maître n'a donné aux quatre enfants que 100.000 francs Cfa.

J'ai besoin d'être libre,
Les activités que je souhaite mener sont celles que je fais maintenant (agriculture et élevage).
Je désire être libre, avoir des terres, travailler, produire et vivre en paix.

DEUXIÈME PARTIE

TEMOIGNAGES INDIRECTS

Les témoignages qui suivent sont indirects : ce sont des récits confiés par des esclaves à des amis ou voisins, et qui nous les ont rapportés.

88. M'Baraka Baby

Je suis de par mon nom M'Barka de condition esclave. Mes maîtres pourraient être des maures. Je me présente comme esclave dans les cérémonies de mariage ici à Fatoma. Cependant, je n'ai pas connu directement l'esclavage. Mais j'ai vécu une scène qui m'a marqué toute ma vie.

Nous étions dans un campement à l'Est de Tombouctou, notre voisin, dont je ne citerai pas le nom car il est très connu, avait une esclave exceptionnelle. Sa jeune esclave était une brave bergère qui avait l'admiration de tous dans son entourage. Fadaye, c'est son nom, défiait les plus grands bergers du village de la zone. Elle était physiquement bien bâtie et pouvait terrasser tous les jeunes garçons de son âge.

Après le pâturage elle trayait les moutons et s'adonnait à toutes les activités de ménage. Elle faisait tous les travaux avec une dextérité et une rapidité déconcertantes.

Il semble que le succès de cette jeune esclave attisait la jalousie de sa maîtresse qui était très sévère à son égard. Un jour la maîtresse lui demanda de lui apporter un pot. Elle mit du temps avant de ramener le pot. Ce qui mit sa maîtresse dans tous ses états.
Dandara, la maîtresse, prit une cravache et bondit sur la pauvre Fadaye pour la rouer de coups, oubliant que sa servante est une véritable force de la nature.

Fadaye esquiva les coups, arracha la cravache des mains de sa maîtresse et la terrassa sur une terre dure et rocailleuse. Dandara, hurla de toutes ses forces en criant au secours. Tout le monde accourut. Hélas la maîtresse s'était évanouie. Et cela dura de longues heures.

Fadaye ayant compris la gravité de son geste se sauva en direction de Tombouctou. Une course poursuite fut engagée pour la rattraper. La jeune esclave put rejoindre la ville mystérieuse défiant ainsi la dizaine de jeunes hommes qui voulait l'en empêcher.

Elle est arrivée dans la famille de sa tante. Elle raconta sa mésaventure. Le mari de sa tante décida de porter l'affaire devant la justice. Tous les notables du campement se mobilisèrent pour dissuader la tante de Fadaye et son mari d'aller en justice. Finalement on étouffa l'affaire.

Quelques mois après, un riche commerçant l'épousa. Chaque fois que j'avais l'occasion de la voir, elle avait du plaisir à me raconter sa mésaventure : « Tu sais, ma maîtresse avait de la haine pour moi, car je refusais de faire sa toilette intime. Tu t'imagines ses grosses fesses et son gros c…Ah Non ! Je ne ferai pas ce sale boulot. Hé ! Hé ! Je voulais vraiment lui faire mal et j'attendais une occasion. Elle se souviendra de moi toute sa vie ». On en riait à mourir.

89. Takouloute

Je n'ai pas connu en personne l'esclavage. Cependant je pense que l'histoire que je vais raconter servira aux générations futures.
Nous étions à deux hivernages du début du pouvoir du Général Moussa Traoré. L'hivernage battait son plein. Les animaux avaient un bon embonpoint. La joie se lisait sur le visage des éleveurs. Nous étions au niveau des pâturages de Tinassakok, vers le village d'Inadjatarfane (cercle de Rarhous). Je venais d'atteindre l'âge de la puberté. J'ai vécu l'événement qui marquera à jamais ma vie d'être humain.

Le clan d'un Touareg Imazaghane nommé Rhissa Ag Ifare venait de camper près du nôtre depuis quelques jours. Un matin Rhissa Ag Ifare appela sa jeune esclave Takouloute.

C'est au troisième appel qu'elle répondit. Rhissa se mit dans tous ses états. Il demanda à la jeune esclave de lui chauffer de l'eau dans une bouilloire. La jeune esclave exécuta l'ordre, ignorant les intentions diaboliques de son maître.
Il demanda à deux esclaves de creuser trois trous. Il planta deux bâtons dans un trou et dans chacun des autres trous un bâton. Il attrapa la jeune esclave. Il coinça son cou entre les deux bâtons qui étaient dans le même trou. Et il écarta ses deux pieds qu'il attacha aux deux bâtons. Il prie la bouilloire contenant l'eau chaude. Il ouvrit la bouche de la pauvre esclave et vida l'eau chaude dans son estomac. Elle vociféra et rendit l'âme sur le champ.

Les deux parents de la fille étaient présents. Il menaça de leur faire subir le même sort si jamais ils bronchaient. Le fils de Rhissa Ag Ifare s'approcha de son père et s'adressa à lui en ses termes : « Papa, je prie dieu qu'il ne te maintienne plus en vie après que tu aies tué cette pauvre innocente ».

Alors que tout le monde préparait l'enterrement de la pauvre esclave, son bourreau de maître Rhissa Ag Ifare monta sur son chameau et voulut s'éloigner du campement. Le chameau se mit à bondir et à courir comme s'il était pris de folie. Rhissa Ag Ifare fut rapidement éjecté de la selle et se retrouva à terre. Son cou se brisa. Il fut enterré en même temps que son esclave.

Très superstitieux les deux campements déménagèrent le même jour. Cet évènement bouleversa la vie et la quiétude de la petite communauté qui vivait dans les campements.
Cette histoire continue de me hanter aujourd'hui encore. Et chaque fois que j'entends parler d'esclavage et d'esclaves, j'ai des frayeurs.

90. Samou Lasy

Je suis avec un ami qui a un problème très grave. Il veut raconter son histoire sans dire son vrai nom et celui de son village, afin d'éviter toutes représailles. Il était dans son village de Karbala où il menait en toute quiétude une bonne vie. Voici son histoire :

« J'ai appris que vous faites des récits d'esclave et je veux y ajouter le mien. Dans mon milieu tout le monde veut aller à l'étranger pour faire fortune. J'ai grandi dans la famille d'Yllas. J'étais esclave comme mon père, ma mère et mes quatre frères. Tous les enfants de mon maître sont partis à l'extérieur comme il est de coutume chez nous. Notre maître est mort en même temps que mon père. Je me suis retrouvé le plus âgé dans la famille. Je m'occupais de la grande famille. Tous mes jeunes maîtres avaient leurs femmes, excepté le plus jeune. Il y a quatre ans, ce dernier s'est marié. Après cinq mois il est reparti à l'extérieur. Sa femme était enceinte. Elle accoucha d'un garçon. Après l'accouchement il me téléphona pour me dire que si jamais sa femme tombait enceinte à son absence il me tuerait.

C'est malheureux car, deux ans après, elle est tombée enceinte. Quand il a appris la nouvelle il a pris un avion pour venir au Mali. J'ai abandonné le village. Je suis présentement à Bamako. Il m'a réellement cherché dans le but de me tuer. J'ai appris qu'il est retourné. Mais je suis désormais banni du village. Ici je mène la vie de manœuvre. Alors qu'au village j'avais tout. J'étais considéré. J'avais beaucoup d'argent. Je me reproche beaucoup de choses. Mais les femmes ne sont pas faciles à surveiller.
Mais être esclave c'est toujours mauvais. On ne peut pas être esclave et être heureux. C'est le statut d'esclave qu'il faut combattre. Vous savez, le jour où j'ai fui, je me suis rendu compte que je n'avais rien. La vie ne se limite pas à manger et à boire. C'est bien autre chose ! Souvent, je pense que ma situation actuelle me permettra de partir sur de nouvelles bases, celle de la liberté. La facilité dans laquelle je vivais ne me permettait pas de m'épanouir ».

91. Moussa

Je ne suis pas esclave. C'est plutôt l'histoire d'un ami esclave que je vais vous raconter. C'est avec Bilal, un boutiquier qui louait un magasin dans notre immeuble, que j'ai découvert que ce problème existe chez nous, au Mali.

En effet, chaque année Bilal reçoit deux ou trois messieurs qui sont ses maîtres. Bilal est d'habitude très sobre et dépense très peu pour son alimentation mais, chaque fois que ces Touaregs, qui parait-il sont des marabouts, arrivaient il dépensait sans compter. Il achetait nuit et jour de la viande et leur servait du thé quatre à cinq fois par jour.

Il m'a affirmé leur donner de fortes sommes d'argent. Il a l'habitude de me dire que ces gens emportent avec eux toutes ses économies de l'année mais chaque fois que je lui dis de cesser, il me donne la même réponse : « Ce sont mes maîtres. Tout ce que je gagne, c'est grâce à leurs bénédictions ». Que cette affaire d'esclavage est têtue !

92. Almehdi Ag Bara

J'avais un cousin qui, depuis l'âge de cinq ans, était chez son maître, un vieux marabout très cultivé. Je suis parti le chercher. Lorsque nous sommes partis avec l'enfant, ce dernier est devenu fou. Finalement, nous l'avons ramené chez son maître pour qu'il le soigne et le garde chez lui.

93. Talhamist

Je suis née dans une famille aisée de la communauté Oukouloutane. Je suis née dans une famille libre. Je vais surtout vous parler de mon mari et de la raison qui fait que notre couple est arrivé à Mopti. Mon mari a honte d'en parler. C'est un homme discret lorsqu'il s'agit de la vie de notre couple.

Mon mari était esclave chez feu Harouchet. Il m'a séduite, car c'est un grand chanteur et un grand danseur. Il est beau comme vous pouvez le constater.

J'ai entretenu avec lui des relations amoureuses pendant deux saisons d'hivernage successives. Finalement on a décidé de se marier. Mon frère s'était farouchement opposé à notre mariage sous prétexte que mon groupe ethnique est libre, alors que mon prétendant est un esclave qui se trouve encore chez son maître. Mon frère aimait dire, pour me dissuader, « qu'une relation avec un esclave n'a pas de bons lendemains ».

Malgré l'hostilité de ma famille, je suis restée imperturbable et déterminée. Finalement mon frère a cédé et célébré le mariage ; et je suis restée chez lui. Mon mari venait de temps en temps passer la nuit avec moi, quand il se libérait de ses nombreuses charges de berger esclave.

Après un an, il a décidé de m'amener avec lui dans le campement de son maître. J'étais d'accord car il parcourait, la nuit, plus de 25 Km pour me rejoindre.

Cependant, depuis mon arrivée je subissais un calvaire. J'étais l'objet de toutes sortes de commentaires car j'avais ma cuisine à part et j'étais totalement indépendante de la famille du maître de mon mari. Mon frère veillait sur moi et mettait à ma disposition tout ce dont j'avais besoin, en nourriture et en habillement. A mon indépendance s'ajoutait le fait qu'on me trouvait trop belle pour être la femme d'un esclave.

Chaque fois que mon mari partait au pâturage, de jour comme de nuit, les jeunes maîtres de mon mari me faisaient des avances. J'ai toujours eu la sagesse de les repousser gentiment. Pendant un an, leurs tentatives de coucher avec moi sont restées infructueuses. Finalement je subissais des menaces de leur part. Je suis restée inflexible malgré tout.

Mon mari à qui je n'avais encore rien dit commençait à subir de mauvais traitements. On changea totalement de comportement à son égard. On l'insultait en ma présence. On menaçait souvent de le bastonner devant moi. Il était toujours resté stoïque et serein. Il a l'habitude de me confier dans notre intimité ces douces paroles : « mon esprit est tellement chargé par ta présence que je considère comme mensonge tout autre chose autour de moi. Pour moi il n'y a qu'une seule vérité après celle de dieu, c'est toi ». Je le réconfortais avec des paroles aussi tendres qu'amoureuses. Vous savez, c'était un grand chanteur. Dans toutes les cérémonies de danse il faisait mes éloges. Il parlait de ma beauté et de notre amour. Il faisait des jaloux chaque fois qu'il chantait. Il avait une belle voix.

Un jour mon mari fut envoyé à la foire de Bambara-Maoudé par un cousin de son maître pour payer la dotation en sucre et en thé du mois. Cela ne faisait pas parti de ses activités ordinaires. Mais mon mari accepta, car pour lui ce serait une occasion pour m'acheter quelques friandises et des bijoux. Le voyage pour la foire dure deux jours et une nuit.
C'est cette nuit que choisit le Monsieur, qui avait envoyé mon mari à la foire, pour essayer de me violer. Il profita de mon sommeil pour s'engouffrer sous ma moustiquaire et se jeta sur moi. Je me réveillai en sursaut. Il voulut me maitriser, je me suis débattu de toutes mes forces. Il me chuchota à l'oreille la promesse d'une forte somme d'argent. Je l'ai rejetée. Il se mit à trembler de tout son corps. Car il craignait que je ne réveille tout le campement par des cris. Je savais qu'il avait une peur bleue de sa femme.

Malgré le comportement indigne de mon agresseur j'ai gardé mon sang froid. Je lui ai dit sur un ton menaçant : « La prochaine fois tout le campement va se réveiller. Et, en plus, je te promets que tu prendras tes intestins entre tes mains. Tu sauras que je suis une vraie femme Oukouloutane : quand nous disons Oui, c'est Oui. Mais aussi quand nous disons Non, c'est Non ».

Au retour de mon mari, j'ai décidé de lui raconter tout. Il n'était pas dupe. Il était au courant de tout. Je lui ai avoué que je ne supportais plus cette situation. J'étais à la fois la convoitise des adultes et des jeunes.

On décida de quitter le campement du maître de mon mari. J'ai ramassé mes bagages et quelques jours après, sous prétexte que je partais rendre visite à mon frère, je me suis retrouvée à Douentza pour attendre mon mari. Il m'a rejoint trois jours après. Il a pris soin d'amener avec lui deux taureaux appartenant au maître. C'était la seule manière pour lui d'avoir un peu d'argent, car il n'a pas de biens en son nom, excepté ma modeste personne.
On a continué notre voyage jusqu'à Sévaré. Mon mari s'adonne au commerce de bœufs et je veille sur l'éducation de nos enfants. Je m'occupe du ménage.

L'ancien maître de mon mari n'a pas engagé de plainte contre mon mari. Et lorsqu'il vient pour ses affaires à Mopti il loge chez nous. Les deux se comportent comme des frères.

De mon point de vue, il n'existe pas quelque chose de plus horrible que l'esclavage. Quand je pense que mon mari se cachait pour venir sous ma moustiquaire et que, du fait de l'esclavage, son maître n'avait aucun respect pour lui. C'est pourquoi le maître et les siens voulaient me transformer en une pute.
C'est révoltant tout ça !

94. Idias

Je vais faire le récit de mon père. Nous sommes des anciens esclaves de la famille des Touaregs Inakoundère. Mon père a fui pour se retrouver à Tombouctou. Les maîtres soumettent les esclaves aux supplices les plus cruels.

Ils plantent deux gros bâtons. On conduit l'esclave entre les bâtons. Ensuite on écarte ses pieds et ses mains qu'on attache aux bâtons. On prend une branche du gommier arabique qu'on lui passe sur le corps nu. Mon père avait subi un tel traitement. Il le racontait tout le temps, pendant sa vie.

Il haïssait ses anciens maîtres. Je l'ai vu chasser un de ses anciens maîtres qui était venu chez nous à Tombouctou. Voici les faits : un neveu du maître de mon père est venu en famille. Ma mère l'a reçu comme il est d'usage chez nous. Vers 14 heures elle lui apporta à manger. Mon père est rentré au moment où cet homme mangeait. Mon père furieux, arracha le plat et lui demanda de sortir. Le Monsieur se leva et se retira sans protester.

L'imam est venu sermonner mon père. « On ne paye pas le mal par le mal » a-t-il répété à mon père. Mon père a présenté ses excuses, mais a souligné qu'il ne supporte pas ces gens-là.
Je n'ai pas connu l'esclavage, mais à partir du comportement de mon père, un homme gentil et généreux qui a une telle haine pour ses anciens maîtres, je comprends combien il a souffert.

95. Aghali

Aghali est un esclave auquel le maître rendait visite de temps en temps. C'est suite à une de ces visites du maître qu'Aghali divorça d'avec sa femme de façon rocambolesque. Le maître de la femme d'Aghali passa la journée dans sa famille, un jour de saison sèche. Dans l'après-midi, au moment de son départ, Alghabass, c'est son nom, appela Aghali et s'adressa à lui en ces termes : « Je vois que le petit Ousmane a grandi, il doit avoir 6 ou7 ans. Il peut être utile dans une famille. Je vais l'amener avec moi pour les petites commissions. »

Aghali, très surpris répliqua : « Il faut tout me demander, sauf de te donner mon enfant. Cela n'est pas possible ».
« Et voilà, répondit Alghabass ! Avec vous les esclaves, chaque fois que vous êtes honorés, vous prenez du poil de la bête. Si je demande ton avis, c'est par respect. Le petit Ousmane, ses petits frères et leur mère me reviennent de droit. Et tu verras ce que je vais faire à l'instant même. » Alghabass se leva et demanda à la femme d'Aghali de prendre ses bagages. Aghali voulut s'y opposer, mais tous les habitants du campement se précipitèrent et demandèrent à Aghali de laisser le Monsieur partir avec son esclave ; ce que Aghali finit par accepter à contre cœur.

Alghabass amena la femme et ses trois enfants. Arrivé à quelques kilomètres du campement, Alghabass relâcha la femme et les petits frères d'Ousmane. Il amena avec lui le petit Ousmane qui l'intéressait. La femme ne revint plus au campement mais se dirigea vers la ville de Gossi où elle vit présentement. Cette affaire s'est déroulée en 2012 pendant l'occupation des régions Nord du Mali.

TROISIÈME PARTIE

ANECDOTES SUR L'ESCLAVAGE

Les récits qui suivent sont des anecdotes racontées par les esclaves mêmes sur l'esclavage : elles ont toutes en commun de célébrer des traits de caractère des esclaves (intelligence, force, ruse) au dépens des maîtres.

96. Ouanigwè Téra

Dans notre village Dami, dans le cercle de Tominian, c'est une femme du nom de Souanigwè qui a mis fin à l'esclavage.
Un jour Souanigwè a été interpellée par une femme, sa maîtresse, nommée Souwèssé Téra :

« Mon esclave vient me puiser de l'eau ! »
« Qu'est-ce que tu veux ? De l'eau ! Tu seras servie et bien servie ! ».

Souanigwè rentra dans le village et réunit toutes les femmes qui ont le même statut qu'elle. « Venez ! Venez ! Nous allons servir notre maîtresse en eau. Elle a soif ».

Plus de soixante femmes se sont mises à une corvée d'eau spéciale. Elles ont rempli tous les récipients de la famille de ladite maîtresse. Elles ont transformé la cour en une véritable mare. Ensuite elles ont transformé la rue qui passe devant la cour en un véritable ruisseau. Les habitants médusés assistaient à la scène. Comme tout cela ne suffisait pas, ces femmes ont fait appel à leurs maris. Elles se déshabillèrent et obligèrent les maris à faire de même. Au rythme d'un tambour, tout ce groupe se mit à danser en empruntant la rue qui passe devant la maison de la maîtresse.

Il a fallu la mobilisation de tous les notables pour mettre fin à cette scène insolite. La famille de ladite maîtresse a présenté ses excuses en donnant à toutes ces femmes des cadeaux et une très forte somme d'argent.
Depuis ce jour, les pratiques et les stigmatisations liées à l'esclavage sont bannies et ont systématiquement disparu dans le village de Tami.

97. Bosowa Dembéré

Bosowa Dembéré est une esclave du village de Bayasso dans le cercle de Tominian. Sa maîtresse Gninassa Dembéré n'était pas une maîtresse comme les autres. La mauvaise réputation de Gninassa, due à sa méchanceté, était connue de toute la contrée. Il arrivait fréquemment à Gninassa de s'asseoir sur le dos de Bayasso pour préparer son *tô*[4].

Bossowa se maria finalement à un homme très pauvre et qui avait aussi le statut d'esclave. Le sort changea les conditions de Bossowa et de son mari. Ils devinrent très vite l'un des couples les plus heureux du village.

A l'inverse, le mauvais sort s'acharna sur Gnissawa. Son mari décéda et ses enfants l'abandonnèrent en quittant le village sans laisser de traces. Ils ne supportaient plus la très mauvaise réputation de leur mère. Finalement, cette dernière, abandonnée de tous, tomba dans le dénuement et la misère.

C'est le mari de son ancienne esclave Bossowa qui vola à son secours. Elle déménagea dans la famille de son ancienne esclave. Bossowa traita Gninassa comme une mère. Et la garda chez elle jusqu'à sa mort.

Cette situation a poussé tous les villageois qui avaient des esclaves à les libérer définitivement. Désormais il est interdit de parler d'esclave. Tout le monde est devenu noble.

[4] Tô : sorte de purée, très consistante par contre, à base de farine de céréales.

98. Abadji Traoré

Abadji Traoré était natif du village de Sienso, dans le cercle de San, et l'esclave de Maman Traoré, un homme connu pour sa cruauté. Maman était un commerçant ambulant, qui se déplaçait à cheval de village en village. Pour enfourcher son cheval, il prenait appui sur son esclave Abadji. Ensuite, Abadji devait prendre la bride du cheval pour le conduire. Maman aimait dire que jamais il ne tiendrait la bride de son cheval. Ce serait toujours son esclave qui le ferait et cela quel que soit la distance et le temps.

Curieusement, après une courte maladie, Maman devint aveugle. Il se mit à se lamenter et à pleurer. Son esclave Abadji aimait lui répondre en ses termes : « Je t'ai conduit partout à cheval, rassure toi, je tiendrai ton bâton dans les rues de Sienso, je vais exécuter ta volonté jusqu'à ta mort. C'est bien ma condition d'esclave qui me l'impose ». Le malheureux Maman répondait toujours : « Tu es libre, tu es le maître, je te présente mes excuses ». Comme personne ne voulait se mettre au service de Maman, c'est bien son ancien esclave qui l'assista jusqu'à sa mort.

99. Aïchanou Walet Assodar

Cette histoire s'est passée chez nous avant l'indépendance. Aïchanou est une femme restée célèbre dans notre milieu. Elle appartient à un groupe d'esclaves d'une famille maraboutique.

Les maîtres sont vénérés par leurs esclaves et cela à double titre : parce qu'ils sont les maîtres d'une part, et d'autre part parce qu'ils sont les maîtres spirituels respectés et vénérés par toutes les communautés de la région.
Apparemment tout va bien entre le campement d'esclaves et les maîtres qui vivaient à une journée de marche. Très fréquemment, les maîtres viennent dans le campement. L'accueil est toujours chaleureux et ils sont généralement satisfaits dans la mesure du possible, chaque fois qu'ils expriment des besoins.

Cependant, les femmes sont rongées par un malaise, un problème connu de tous et que personne n'évoque. Chaque maître qui passe la nuit dans le campement, choisit une femme avec laquelle il passe la nuit. Par un comportement, ou une petite phrase du maître, le mari de la femme comprend qu'il doit s'éloigner pour la nuit.

Aïchanou, à l'insu des hommes réunit les femmes pour les mettre au courant de son plan pour mettre fin à cette situation insolite. Elle promit qu'à la prochaine occasion elle mettra fin à cette situation.

Le même soir, un marabout arriva, accompagné d'un esclave. Il choisit Aïchanou. Elle était en réalité la femme la plus belle du campement. Aïchanou reçut sa victime qui ne se doutait de rien. Au moment où il se préparait à abuser d'elle, Aïchanou se saisit de ses attributs sexuels qu'elle serra fortement entre ses mains en lui demandant : « dis-moi, quel est le livre religieux qui t'autorise à avoir un commerce sexuel avec une femme d'autrui ». Notre pauvre monsieur la supplia plusieurs fois. Il jura de ne plus recommencer. Et comme elle continuait à les serrer très fortement, il commença à gémir. Il fallut l'intervention de son esclave, qui était couché non loin de là, pour le délivrer. Elle promit que ce sera le traitement que toutes les femmes du campement réserveront à tous les maîtres qui se comporteront de la sorte désormais.

Depuis cet événement, les femmes du campement ont recouvert leur dignité. Et le campement prit le nom de *Campement d'Aïchanou.*

100. Makel

Makel était une esclave d'une très grande beauté. Elle fut achetée par une femme du désert qui n'avait pas eu d'enfants après 35 ans de mariage, une vieille du nom de Toula.
Toula obligea son mari à prendre sa petite esclave comme concubine. De cette liaison, naquirent deux filles et un garçon. Makel mourut des suites d'une maladie et ses enfants furent adoptés par Toula comme ses propres enfants. Les descendants de ces enfants fondèrent une des *Fractions* guerrières les plus puissantes du désert.

101. Kouda

Un jour, le maître de Kouda décida de l'affranchir. Pour ce faire, il fit appel à tous les marabouts et notables.
Il fit la déclaration suivante : « Mesdames et Messieurs, vous êtes aujourd'hui témoins que Kouda est noble. Il ne me doit rien. Il est libre à partir de ce jour ».

Un grand érudit demanda la parole et interpella : « si tu es sincère, donne lui ta fille Aloda et ainsi, tu démontreras devant Dieu et les hommes que tu es sincère ».
L'homme s'exclama : « cela n'est pas possible. Je ne lui donnerai jamais ma fille ».
Kouda est considéré comme libre, c'est tout !

ANNEXES

Justice et Esclavage au Mali

Un certain nombre d'esclaves ont eu le courage de porter plainte contre leur maître, en s'adressant à la gendarmerie, à la police ou directement au juge.

C'est le cas, par exemple, d'Aboucrine Ag Kamotane (récit N° 54), Tamtchi (récit N° 56), entre autres.

Dans tous les cas, les autorités judiciaires ont classé les dossiers…sans suite, ou les traitent en trainant très lentement les pieds. Ne va-t-on pas jusqu'à demander aux esclaves plaignants de participer financièrement aux frais de déplacement des brigades d'investigation ?

C'est en tout cas ce qui est clairement expliqué dans cet extrait des rapports d'activités 2010, 2011 et 2012 du Conseil de Temedt, Maître Fofana : *la recherche et la conduite des personnes présumées coupables d'esclavage* [devant la justice] *est impossible sans l'apport financier de la personne victime. Faute de quoi, sa procédure ne saurait évoluer.*

En d'autres termes, et dit de façon crue : si les esclaves qui portent plainte contre leur maître n'ont pas d'argent à donner à la justice, alors la justice ne pourra pas instruire leur plainte !

ETUDE ALFOUM
MAITRE OUMAR FOFANA
AVOCAT

Bamako, le 10 mars 2010

Monsieur le Président de l'Association TEMEDT
(Consolidation de la Paix, Développement, Protection et Promotion des droits Humains). Bamako.

RAPPORT D'ACTIVITES.

(Prise de contact avec les victimes et les juges en charge des différents dossiers en instance à Gao et Ménaka)

Dans le cadre de la défense des personnes victimes d'esclavage dans le nord du Mali, je vous adresse mon rapport d'activités.

En effet, je me suis déplacé à Gao et à Ménaka pour une prise de contact avec les victimes ainsi que les différents juges qui ont en charge la gestion des dossiers des personnes victimes d'esclavage.

Je suis arrivé à Gao le Mercredi 24 février 2010 à 3 heurs du Matin. Au pétit matin, j'ai été accueilli par les membres de TEMEDT de Gao, à savoir Mohamed AG MOHAMED, Araba AG INTASSAGUIT et Rhissa AG IMBARKAWANE, le chargé de droit de l'Homme.

Nous avons aussitôt établi un calendrier pour mon séjour. Ainsi, le Mercredi, je me suis rendu au Tribunal de Première Instance de Gao. Malheureusement, le juge d'instruction ainsi que le Procureur de la République étaient tous permissionnaires et absents de Gao. Cependant, j'ai rencontré le Président du Tribunal du nom de Namory CAMARA.

Celui-ci n'a pas caché sa joie de savoir que TEMEDT ait un avocat et de surcroit qui ait accepté de faire le déplacement pour voir l'évolution des différents dossiers. Il m'a fait savoir qu'il a eu a participé à une rencontre organisée par le TEMEDT, et à cette occasion, il a aussitôt adhéré aux objectifs de cette association, qui selon lui sont nobles et sont à encourager.

A Gao, je me suis entretenu également avec Iddar AG OGAZIDE, une victime d'esclavage. Je lui ai rendu visite dans sa famille où j'ai pu voir sa femme et ses deux enfants.

J'ai appris que ses enfants ont été inscrits à l'école fondamentale grâce à l'appui financier de l'ONG GARI qui prend en charge les frais de scolarisation et les frais de fournitures scolaires de ceux-ci. IDDAR m'a également appris qu'il a bénéficié d'un appui financier de l'ONG GARI d'un montant de 50 000 F CFA, ce, grâce à l'intervention de l'Association TEMEDT.

Sikasso, B P: 367 - Imm. SAADE - Ouayerma I - Avenue Mamadou KONATE, Rue 54, Porte 131.
Bamako, Imm Dramane KOUMA- 2e étage, Bureau B3- Hamadallaye ACI-2000 -
Cell: 676 89 20/610 43 45.
E.mail : alfoum@yahoo.fr

Il m'a fait savoir à travers mon interprète ad hoc AG MOHAMED que ma présence physique à Gao le rassure encore plus dans sa quête d'une justice entre ses anciens maîtres et lui.

Après Gao, le jeudi 25 février 2010, nous sommes arrivés à Ménaka à 11 h 15 minutes. J'étais accompagné de Moctar sur proposition de TEMEDT. Nous avons utilisé un véhicule 4x4 « Land Rover » que j'ai loué. Ledit véhicule était conduit par un chauffeur et son apprenti mis à ma disposition gracieusement par Mohamed AG MOHAMED, que je remercie pour tout ce qu'il a fait durant mon séjour au septentrion du Mali.

A Ménaka, nous avons bénéficié d'un accueil chaleureux de la part de Rabbah AG INDOUNANE, membre de TEMED à Ménaka, secrétaire administratif de la Coordination local de ladite ville. Grâce au dynamisme de AG INDOUNANE, j'ai pu largement m'entretenir aussitôt avec TIMIZWAQ et Rachaïtou.

TIMIZWAQ demeure la dernière victime de l'esclave qui a pu s'échapper de l'emprise de ses maîtres tout récemment. Elle m'a fait savoir qu'elle aimerait retrouver ses grands parents et ses parents qu'elle n'a pas vus il y a plusieurs années.

Egalement, son fils est resté avec ses anciens maîtres. Qu'elle n'a pas pu amener celui-ci, car elle ne vivait pas au même endroit. A ma question de savoir si elle se sent réellement libre. Elle a répondu « oui ». à travers INDOUNANE mon interprète de fortune, elle m'a fait savoir que ma présence ne fait que l'encourager dans sa volonté de justice. Qu'enfin, elle m'informe qu'elle a reçu la somme de 50 000 F CFA de « l'ONG GARI ». Ce montant lui a permis de s'acheter des habillements. Je l'ai rassurée des diligences en cours pour la recherche et la conduite de ses anciens maîtres devant le juge.

En ce qui concerne Rachaïtou WALETTE, une autre victime d'esclavage, elle m'a raconté, toute souriante, sa situation et a accepté de se soumettre à mes questions.

Elle m'a fait savoir qu'elle se sent libre et n'est pas sous pression. Mieux, selon elle, grâce à l'appui de TEMEDT, elle a bénéficié de « l'ONG GARI », la somme de 50 000 F CFA. C'est grâce à ce montant qu'elle exerce son petit commerce. Je l'ai rassurée de mon assistance entière, mais surtout mon engagement, pour que la justice qu'elle réclame soit rendue.

J'ai fait la connaissance de M. Ingatane AG BAADA, un conseiller de fraction, domicilié au 3e quartier à Ménaka. C'est celui-ci qui est le logeur de TIMIZWAQ et de Rachaïtou. Plusieurs victimes d'esclavage ont séjourné chez lui avant de s'établir d'une manière autonome dans différentes villes du Mali. Ce monsieur travaille en étroite symbiose avec les membres de TEMEDT à Ménaka, pour la libération et l'insertion socio-économique des personnes victimes d'esclaves.

Enfin, avec le juge de Paix à Compétence Etendue de Ménaka, en la personne de M. Dramane DOUCOURE, entre professionnels, nous avons discuté des dossiers. Il n'a pas caché sa déception lorsqu'il a appris que le

2

Commandant de Brigade de la Gendarmerie de Ménaka avait remis les Convocations à TIMIZWAQ pour ses anciens maîtres. Il m'a rassuré qu'il a déjà donné des consignes au Commandant de Brigade pour la conduite des personnes mises en cause devant lui, dès remise des convocations.

Permettez-moi de vous faire partager mon enthousiasme face à l'intérêt et à l'engagement du Juge de Ménaka de ne ménager aucun effort pour faire comprendre à ses justiciables le caractère infractionnel de l'esclavage.

En ce qui concerne les anciens dossiers à savoir celui de Rachaïtou WALETTE, et de TATCHE. Le juge m'a fait savoir que son prédécesseur n'a laissé aucun dossier au nom de celles-ci. Face à ce constat je lui ai promis de déposer entre ses mains de nouvelles plaintes au nom des mêmes personnes, car les faits ne sont pas encore prescrits.

Pour conclure, Monsieur le Président du TEMEDT, je vous confesse que ce voyage sur Gao et Ménaka m'a réellement permis d'appréhender la porté de votre combat mais surtout l'espoir que vous suscitez auprès des personnes victimes d'esclavage, à savoir celles déjà libérés et celles qui ne le sont pas encore.

Mon diagnostic après ce voyage me permet d'attirer votre attention sur le manque de moyens financiers adéquats pour mettre les forces de l'ordre dans les conditions afin qu'ils recherchent et conduisent les personnes présumées coupables d'esclavage devant les autorités compétentes.

Comprenez, monsieur le Président, qu'au Mali et en général partout en Afrique : « la Justice est gratuite, mais la procédure est onéreuse. ». par conséquent, la recherche et la conduite des personnes présumées coupables d'esclavage est impossible sans l'apport financier de la personne victime. Faute de quoi, sa procédure ne saurait évoluer.

Sincères Salutations.

Votre bien dévoué.

Me Oumar FOFANA.

ETUDE ALFOUM
MAITRE OUMAR FOFANA
AVOCAT

Bamako, le 10 mai 2011

Madame Sarah MATHEWSON, Représentante Antis-lavery.

Objet : Rapport d'activités.

Madame,

J'ai l'avantage de vous informer de la situation des différents dossiers TEMEDT.

1ère *Affaire* : Iddar AG OGAZIER

Juridiction : Tribunal de Première Instance de Gao.

Procédure judiciaire : Plainte avec Constitution de Partie Civile.

Etat du dossier :

En ce qui concerne le cas de M. Iddar AG OGAZIDE, le Juge d'instruction du Tribunal de Première instance de Gao soutient toujours l'inertie du Procureur de la République qui n'arrive pas a exécuter le mandant d'amener émis contre l'ancien Maître de Iddar.

Dans ma dernière correspondance je lui ai proposé de nous donner le mandat d'amener afin que nous prenions des dispositions pour l'exécution indépendamment du Procureur. Comme réponse, il m'a promis de réfléchir à ma proposition et de me répondre très prochainement.

Egalement, il m'a demandé si nous étions prêts à mettre les moyens à la disposition du procureur pour l'exécution du mandat. Je lui ai répondu par l'affirmatif.

Au demeurant, comme perspective, à la fin de ce mois de mai, je me propose d'adresser une correspondance au Ministre de la Justice pour dénoncer la durée de la procédure de M. Iddar qui est continuellement harcelé par son ancien Maître et ses enfants, lesquels menacent de l'enlever ainsi que les membres de sa famille.

Il apparait que M. Iddar prend au sérieux cette menace, et il attend beaucoup de l'évolution de son dossier.

[illegible] BP : 367 Immeuble SAADE Ouayerma I - Avenue Mamadou KONATE, Rue 54, Porte 131
[illegible], Immeuble KOUMA- Hamdallaye ACI-2000 Cell 66 76 89 20 / 76 10 43 45
E mail : [illegible]

2e *Affaire* : Raïchoutou Walett Toucka.

Juridiction : Justice de Paix à Compétence Etendue de Ménaka

Procédure Judiciaire : Plainte entre mains du juge.

Etat du dossier :

La plainte que Raïchoutou avait personnellement déposé au niveau de la Justice de Ménaka n'a pas été retrouvée. Alors, j'ai adressé une nouvelle plainte en bonne et due forme au juge de Ménaka, lequel l'a transmise au Commandant de Brigade de la Gendarmerie pour exécution.

Cependant, celui-ci ne parvient pas à effectuer le déplacement pour appréhender les auteurs de l'infraction dénoncée par Raïchoutou.

A la dernière rencontre avec le Juge de Ménaka, celui-ci m'a promis de faire un Procès verbal de Parquet pour l'évolution du dossier. A mon dernier appel téléphonique, il promettait de faire l'audition de la partie civile Raïchoutou.

3e ***affaire*** : Tatché

Juridiction : Justice de Paix à Compétence Etendue de Ménaka.

Procédure Judiciaire : Plainte entre mains du juge.

Etat du dossier :

Le cas de Tatché se trouve dans la même situation que celui de Raïchoutou, à savoir que le juge à promis de faire lui-même l'audition de Tatché et des personnes mises en cause compte tenu de l'inertie du Commandant de Brigade, lequel, malgré les moyens logistiques mis à sa disposition n'arrive pas à poser le moindre acte de procédure.

4e ***affaire***: TIMIZWAG

Juridiction : Justice de Paix à Compétence Etendue de Ménaka.

Procédure Judiciaire : Plainte entre mains du juge.

Etat du dossier :

J'ai déjà déposé la plainte de TIMIZKWAG au niveau du juge de Ménaka qui l'a transmise au Commandant de Brigade de la Gendarmerie de Ménaka. Celui-ci, comme dans les deux cas précédents n'a pas effectué le déplacement pour la recherche des personnes mises en cause par ma cliente, ce malgré les moyens mis à sa disposition.

5e ***affaire*** : Aboubacrine AG KAMOTANE.

Juridiction : Justice de Paix à Compétence Etendue de Rharous.

Procédure Judiciaire : Plainte entre mains du juge.

Etat du dossier :

J'ai pu entrer en contact avec le juge de Rharous qui m'a fait savoir que son greffier en chef est actuellement en traitement à Bamako.

Il a promis de me rappeler dès le retour de celui-ci à la fin de ce mois. Cependant, il a tenu à me faire savoir que mon client Aboubacrine a adressé une demande de retrait de plainte au commandant de la Brigade de la Gendarmerie de Rharous.

J'ai tenu à attirer son attention sur le fait que juridiquement, le retrait de la plaint par mon client ne met pas fin à la procédure pénale.

5e ***affaire*** : Naleyate.

Juridiction : Justice de Paix à Competence Etendue de Rharous.

Procédure Judiciaire : Plainte entre mains du juge.

Etat du dossier : Une plainte a été déposé par les sieurs Zila Ag Choukka et Aboubakrine pour séquestration et détention de personnes en esclavage.

Grâce à l'appui du Maire de la localité et un Marabout du nom de Ahmed AG YEHIA du même groupe ethnique que le maitre de Nalewate, celle-ci a été affranchie et remise à la délégation de TEMEDT qui avait fait les démarches pour ce faire. Malheureusement, à ce jour, l'enfant de Nalewate n'a cependant pas encore été retrouvé.

Ce dossier est toujours au niveau de la Brigade de la Gendarmerie, qui a seulement pris acte de l'affranchissement de Nalewate et aucun Procès verbal d'enquête n'a été adressé au juge pour la suite de la procédure.

Sur mon interpellation, le juge m'a promis de demander au commandant de la Brigade de la Gendarmerie de Rharous de lui adresser le procès verbal d'enquête.

Selon mon point de vue, l'évolution du dossier paraît lente, mais je voudrais que vous compreniez que la procédure judiciaire au Mali à ses réalités. Cependant avec beaucoup de perspicacité, très certainement une de ces procédures aboutira à un jugement, ce qui demeure un objectif majeure pour dissuader les autres esclavagistes

Je vous informerai du suivi.

Sincères salutations.

OUMAR FOFANA
AVOCAT

Me Oumar FOFANA.

ETUDE ALFOUM
MAITRE OUMAR FOFANA
AVOCAT

Bamako, le 16 mars 2012

V/Réf. :
N/Réf. : 057/03/2011/OF
(A rappeler dans toutes les correspondances)

Madame Sarah MATHEWSON.
ANTISLAVERY.

Objet : Rapport et suivi des dossiers.

Madame,

Je vous informe de l'état actuel des différents dossiers TEMEDT dans le nord du Mali.

1ère ***Affaire :*** Iddar AG OGAZIER.

Juridiction : Tribunal de Première Instance de Gao.

Procédure Judiciaire : Plainte avec constitution de Partie civile.

Etat du dossier : A l'occasion de mon dernier voyage à Gao précisément le 19 octobre 2011, j'ai constaté que le nouveau juge d'instruction avait fait l'audition du Maître de Iddar à la date du 09 août 2011.

A ce jour, le dossier a été transmis au Procureur de la République pour son réquisitoire, c'est-à-dire son avis sur l'opportunité d'un procès. Dans ce dossier, il y a lieu de retenir qu'il est probable qu'il y ait un procès dans les jours à venir.

2e ***Affaire :*** Raïchatou Walett TOUCKA.

Juridiction : Justice de Paix à Compétence Etendue de Ménaka.

Procédure Judiciaire : Plainte entre les mains du juge.

Etat du dossier : Face à l'inertie de la Gendarmerie, le juge de Ménaka avait promis de faire un procès verbal de Parquet. Malheureusement, compte tenu de l'insécurité qui sévit actuellement à Ménaka, le juge n'est plus sur place et l'administration judiciaire est paralysée.

3e ***Affaire :*** Tatché.

Juridiction : Justice de Paix à Compétence Etendue de Ménaka.

Procédure Judiciaire : Plainte entre les mains du juge.

Etat du dossier : A cause de l'inertie de la Gendarmerie, le juge avait promis de faire le procès verbal de Parquet. Cependant, compte tenu de l'insécurité consécutive à la rébellion qui existe actuellement à Ménaka, le juge n'est plus sur place et l'administration judiciaire est paralysée.

Sikasso, BP: 367 - Immeuble SAADE - Ouayerma I - Avenue Mamadou KONATE - Rue 54, Porte 131
Bamako, Immeuble KOUMA- Hamdallaye ACI 2000. Cell: (00 223) 66 76 89 20 / 76 10 43 45
E.mail : alfoum@yahoo.fr

4e *Affaire :* TIMIZWAG.

Juridiction : Justice de Paix à Compétence Etendue de Ménaka.

Procédure Judiciaire : Plainte entre les mains du juge.

Etat du dossier : A ce jour, malgré les moyens mis à sa disposition, le Commandant de la Brigade de Gendarmerie de Ménaka n'a effectué aucun déplacement pour la recherche et la conduite des personnes mises cause.

Actuellement, à cause de l'insécurité qui sévit actuellement à Ménaka, le juge n'est plus sur place et l'administration judiciaire est paralysée.

5e *Affaire* : Aboubacrine AG KAMOTANE.

Juridiction : Justice de Paix à Compétence Etendue de Rharous.

Procédure Judiciaire : Plainte entre les mains du juge.

Etat du dossier : A ce jour, le procès verbal d'enquête de la Gendarmerie de Rharous n'a pas encore été transmis au juge. Cependant, je me permets de vous rappeler que M. Aboubacrine avait retiré sa plainte. Ce qui en réalité n'a aucune incidence sur la procédure pénale.

6e *Affaire :* Naleyate.

Juridiction : Justice de Paix à Compétence Etendue de Rharous.

Procédure Judiciaire : Plainte entre les mains du juge.

Etat du dossier : Dans ce dossier, il faut noter que la Gendarmerie a déjà procédé à l'audition des différentes parties. Cependant, le procès verbal d'enquête n'a jamais été transmis au juge pour la suite du dossier. A cause de mes incessants appels téléphoniques, ledit juge avait promis de demander à la gendarmerie la transmission du Procès Verbal d'enquête dans un bref délai.

Pour une bonne compréhension de l'évolution de ces dossiers, je me permets de vous informer qu'actuellement il existe une rébellion dans le nord. Cela a eu pour conséquence la paralysie de l'administration judiciaire.

Sincères Salutations.

Me Oumar FOFANA.

TABLE DES MATIÈRES

L'HARMATTAN ITALIA
Via Degli Artisti 15; 10124 Torino

L'HARMATTAN HONGRIE
Könyvesbolt ; Kossuth L. u. 14-16
1053 Budapest

L'HARMATTAN KINSHASA
185, avenue Nyangwe
Commune de Lingwala
Kinshasa, R.D. Congo
(00243) 998697603 ou (00243) 999229662

L'HARMATTAN CONGO
67, av. E. P. Lumumba
Bât. – Congo Pharmacie (Bib. Nat.)
BP2874 Brazzaville
harmattan.congo@yahoo.fr

L'HARMATTAN GUINÉE
Almamya Rue KA 028, en face du restaurant Le Cèdre
OKB agency BP 3470 Conakry
(00224) 60 20 85 08
harmattanguinee@yahoo.fr

L'HARMATTAN CAMEROUN
BP 11486
Face à la SNI, immeuble Don Bosco
Yaoundé
(00237) 99 76 61 66
harmattancam@yahoo.fr

L'HARMATTAN CÔTE D'IVOIRE
Résidence Karl / cité des arts
Abidjan-Cocody 03 BP 1588 Abidjan 03
(00225) 05 77 87 31
etien_nda@yahoo.fr

L'HARMATTAN MAURITANIE
Espace El Kettab du livre francophone
N° 472 avenue du Palais des Congrès
BP 316 Nouakchott
(00222) 63 25 980

L'HARMATTAN SÉNÉGAL
10 VDN en face Mermoz, après le pont de Fann
BP 45034 Dakar Fann
33 825 98 58 / 33 860 9858
senharmattan@gmail.com / senlibraire@gmail.com
www.harmattansenegal.com

L'HARMATTAN BÉNIN
ISOR-BENIN
01 BP 359 COTONOU-RP
Quartier Gbèdjromèdé,
Rue Agbélenco, Lot 1247 I
Tél : 00 229 21 32 53 79
christian_dablaka123@yahoo.fr

Achevé d'imprimer par Corlet Numérique - 14110 Condé-sur-Noireau
N° d'Imprimeur : 111270 - Dépôt légal : septembre 2014 - *Imprimé en France*

www.ingramcontent.com/pod-product-compliance
Lightning Source LLC
LaVergne TN
LVHW021220061026
849535LV00008B/2829
* 9 7 8 2 3 4 3 0 4 5 0 6 1 *